FICHA CATALOGRÁFICA

(Preparada na Editora)

Caruso, Léa Berenice, 1939-

C31u   *Um toque de amor* / Léa Berenice Caruso. Araras, SP, IDE, 1ª edição, 2020.

304 p.

ISBN 978-85-7341-748-7

1. Romance 2. Espiritismo I. Título.

CDD -869.935
-133.9

Índices para catálogo sistemático

1. Romance: Século 21: Literatura brasileira 869.935
2. Espiritismo 133.9

UM TOQUE DE AMOR

ISBN 978-85-7341-748-7
1ª edição - fevereiro/2020

Copyright © 2020,
Instituto de Difusão Espírita - IDE

Conselho Editorial:
Doralice Scanavini Volk
Wilson Frungilo Júnior

Produção e Coordenação:
Jairo Lorenzeti

Revisão de texto:
Mariana Frungilo Paraluppi

Capa:
Samuel Carminatti Ferrari

Diagramação:
Maria Isabel Estéfano Rissi

INSTITUTO DE DIFUSÃO ESPÍRITA - IDE
Av. Otto Barreto, 1067
CEP 13602-060 - Araras/SP - Brasil
Fone (19) 3543-2400
CNPJ 44.220.101/0001-43
Inscrição Estadual 182.010.405.118

www.ideeditora.com.br
editorial@ideeditora.com.br

Todos os direitos reservados. Nenhuma parte desta publicação pode ser reproduzida, armazenada ou transmitida, total ou parcialmente, por quaisquer métodos ou processos, sem autorização do detentor do copyright.

LÉA CARUSO

ROMANCE ESPÍRITA
PELO ESPÍRITO YVONNE

UM TOQUE DE AMOR

Sumário

Nota de Yvonne 9

1 - Em uma cidade da Inglaterra, no século XVIII ...13

2 - Cristãos apreensivos 29

3 - Isabel e o encontro com Thomas 45

4 - Dias atrás 61

5 - Thomas na casa de Mathias 71

6 - Na frente de padre Isidoro 83

7 - Vinte dias depois 119

8 - A fuga do frei Mathias 135

9 - Isabel e a descoberta da fuga de Mathias 161

10 - August e Thomas – uma verdadeira conquista ..191

11 - O Inquérito 213

12 - Na aldeia próxima aos Alpes 245

13 - Os milagres são obras da fé 261

Final - O amor sempre vence 287

Nota de Yvonne

ALGUMAS VEZES, ENCONTRAMOS PESSOAS QUE SE desesperam perante a dor, a perda de bens ou de amores que achavam ser eternos, sendo capazes até de partirem para o ato doloroso de tirar a própria vida, acabando por ferir seus mais aproximados afetos, aqueles que fazem parte da sua família, sem se dar conta do valor de estar reencarnado na Terra, essa importante escola, imprescindível para a subida nos degraus da própria evolução.

A vida deve ser valorizada. Se sofremos, é sempre por nossa própria conduta anterior. Alguns de nós, os Espíritos desencarnados, já temos ciência das causas do sofrimento e da dor e abrangemos com o olhar distâncias infinitas, percebendo o quanto o sofrimento nos fez crescer.

Muitos indivíduos só pensam em Deus na hora do desespero. A infelicidade, sem dúvida alguma, como que os impõe a procurar o Ser infinito que criou o Universo, a alimentar-lhes a alma, indicando-lhes que, somente por meio de Suas Leis, poderão obter a compreensão dos momentos dolorosos por que passam.

O fato de o indivíduo ainda sofrer, no seu andar cansado à procura da felicidade, é uma realidade da vida na Terra, porque os erros de ontem terão que ser resolvidos pelas Leis Divinas.

Hoje, por intermédio do Espiritismo, sabe-se que o sofrimento é como uma alavanca que dirige o pensamento humano à Realidade Infinita, movendo o indivíduo ao próprio burilamento. Momento de ascensão interior que o faz voltar-se ao sentimento de compaixão e humanidade.

Nessa época, quando ele olhar para o sofredor, para aquele que bate à porta pedindo-lhe auxílio, e vier a preocupar-se com ele a ponto de sentir o imperativo de fazer-lhe o bem, sentirá que já principiou a amar incondicionalmente, ciente de que a mudança deverá ocorrer em todo o seu íntimo, de dentro para fora, em busca de sua perfectibilidade.

E, para isso, hoje o Consolador está aqui, dando-nos as diretrizes para uma vida de felicidade, não mais deixando seus ensinamentos serem esquecidos na vida diária, mas aplicando o Evangelho dia a dia, na maneira de o ser humano agir, esforçando-se para mudar a ordem de seus antigos conceitos.

Nesta obra, passamos a compreender casos de obsessão de certo grupo de clérigos, como já aconteceu em tempos distantes, quando a ideia fixa no poder tornou insuportável a vida naqueles lugares, pelos ataques admitidos em nome de Jesus.

E, nesse mesmo tempo, vemos a vida de um personagem exemplar, não avaliando seus feitos para o mundo como o homem religioso que foi, mas, sim, as qualidades de seu coração; um homem que realmente amou seu próximo, a exemplo do próprio Cristo.

Aqui, conheceremos um átimo da vida do reverendo Thomas, presbiteriano, seguidor de Calvino, uma pessoa dirigida somente ao bem e que continua, vida após vida, a exemplificar o amor a Deus e a seu próximo, conforme aprendeu com Jesus.

Capítulo 1

Em uma cidade da Inglaterra, no século XVIII

"Amai-vos uns aos outros como eu vos amei."

TRANSCORRIAM DIAS DE PAZ, DIANTE DE TANTAS discórdias, que transformaram em verdadeiro inferno aquelas ilusões mais lindas. Para alegria da estimada mãe do reverendo, já com o andar carregado por sua velhice, novo canteiro de flores fora plantado. Ela amava sentir e vivenciar a natureza.

Naquele espaço de tempo do Universo, Thomas, um ser direcionado ao bem, não imaginava como desfaria os pesados grilhões da incompreensão humana. Um amigo franciscano jesuíta, considerado como um irmão seu, frei Mathias, fora acusado como herege por um tribunal de padres, que estavam agindo conforme a inquisição, tornando aquele lugar um verdadeiro terror. Naqueles dias em que viviam, cuidar dos atos, mas principalmente das palavras, era questão primordial, porque ouvidos astutos voltavam-se para todos os lados.

Conhecedor da doutrina de Jesus, tendo como base o verdadeiro amor cristão, esse reverendo presbiteriano envolveu-se em desavenças com aqueles homens do clero e foi aí que tudo começou.

Entardecer... Nuvens escuras tomavam conta do céu e a chuva não tardaria a cair. Seguidor da nova igreja de Calvino, Thomas, pensativo, no segundo andar do prédio em que residia, olhava para fora aguardando uma resolução para os novos acontecimentos, que teriam como tema o cristianismo.

Agora, os primeiros pingos da chuva corriam pela vidraça. Na penumbra da rua, alguns homens esforçavam-se para acender as lamparinas que faziam parte dos postes de iluminação, enquanto Thomas notava, nas ruas molhadas, os que voltavam para casa, caminhando mais rapidamente, puxando o paletó rente ao pescoço, cabeça baixa, chapéu emperrado na testa e procurando molhar-se o mínimo possível. Era hora em que os esposos corriam de volta ao lar depois dos labores do dia, para com sua família esquecer-se da labuta, dispersando os pensamentos funestos, os negócios e suas causas mal resolvidas. As carruagens que vinham, com o trotar rápido dos cavalos, fizeram Thomas lembrar-se de que talvez nelas pudessem estar os clérigos que aguardava.

Voltando-se a seu íntimo, com mil imagens mentais que iam e vinham, o reverendo se perguntava se cruzaria os braços, assistindo àqueles sacerdotes católicos cometerem abusos de todos os tipos, ou se iria em frente, interferindo e causando verdadeira revolução no clero, procurando lutar para que as pessoas tivessem sua liberdade de viver o cristianismo como em anos atrás.

Não só as cruzadas haviam traçado de sangue e ferido com a morte a lembrança daquele cristianismo puro, em que o amor ao próximo imperava. Thomas aprendera a seguir os passos do Mestre, sendo justo e correto, por amor a Ele. Não conseguiria admitir que inocentes sofressem injustamente com as atitudes de religiosos que, havia alguns anos, tinham firmado, em seu juramento canônico, que serviriam a Deus para sempre. Eles não mais respeitavam os direitos alheios e colocavam pessoas que não pensavam como eles nas cadeias, acusando-as de hereges e, por algumas vezes, retirando-lhes os bens. Thomas, no caso de bons amigos acusados por alguns desses senhores do clero, sabia que não poderia se calar. No entanto, ouvira as sugestões de sua mãe, que lhe recomendava não se meter em atritos com outros sacerdotes, mesmo ciente de que algumas famílias honestas e boas foram aprisionadas ali na localidade, sem ninguém mais ter ciência de seu paradeiro. Lembrando-se disso, continuou assistindo à noite escura se fazer lá fora, notando uma luminosidade que surgia diante da vidraça. Voltou o corpo o nobre homem, observando quem chegava trazendo um castiçal ao aposento, até aquele momento em sombras. Uma senhora vestida simplesmente, com a lamparina nas mãos, se lhe aproximou, colocando a chama em um candelabro:

– Com vossa licença, reverendo Thomas, ireis descer agora? Stunf vos manda dizer que os senhores que pedistes para virem já vos aguardam na sala. Sirvo o jantar primeiro?

– Mamãe e Mary já chegaram?

– Sim. Aguardam-vos na cozinha.

– Rosana, dize às convidadas que esperem. Vou jantar sim, mas logo após a reunião que terei com essas pessoas que chegaram. Continua a acender os lumes da casa para que a penumbra acabe e, por favor, avisa à mamãe que estarei com ela e Mary dentro de uma hora.

– Está certo, reverendo, eu as avisarei.

Thomas, caminhando pela circulação da residência que o abrigava, em segundos refletiu sobre sua infância e adolescência com sua irmã Mary. Foi como se o tempo passasse perante seus olhos com imagens em movimento. Revia sua irmã mentalmente, na época com sete anos, a brincar no quarto com a boneca que ganhara de seu pai, quando ele voltara de uma cidade onde fora tratar de seus particulares assuntos. Era uma boneca de pano. O amor que ela sentia por aquele ser que lhe deu a vida era tão grande, que se colocava diante da boneca, aquele pedaço de pano, como se fosse a coisa mais importante que havia recebido até aqueles dias.

Então, Thomas elucidou: "Esses são os valores reais que minha irmã trouxe da infância feliz que tivemos. Simples, mas tão valiosos, colocando o amor como *um raio de luz em nossa vida*".

Em sua juventude, Anne, sua mãe, vivia em volta com seus afazeres, e ele, Thomas, era o filho de que seu pai se orgulhava. Desde os mais remotos tempos, o menino ouvia sempre falar sobre Jesus e, desde aí, sentava-se para assistir aos cultos da igreja junto a seus irmãos, prestando atenção ao que o reverendo, seu pai, dizia, falando em amor, em perdão e colocando a caridade em primeiro lugar. Tudo o que aprendia com aquele pastor calmo e sorridente, que ensinava sobre o Cristo, auxiliando as pessoas, cuidando dos doentes e necessitados, dedicando-se a seu próximo, desejaria para sua vida de adulto. Então, cultivava horários específicos para o estudo do Evangelho.

O objetivo dos pais daquelas crianças sempre fora torná-los indivíduos respeitosos, para se darem bem na vida. Thomas estudou em Edimburgo e foi ser ministro de Deus na Inglaterra, na mesma cidade em que seus pais se instalaram. Seus irmãos seguiram rumos diversos, mas Mary casou-se, formando uma família com três filhos. Logo após o falecimento do reverendo Josué, o pai que tanto amava, Mary levou sua mãe para morar com ela, próximo a Thomas, até que ela voltasse também à pátria espiritual. Hoje, elas estavam ali para jantar com ele, preferindo o esposo de Mary, médico, permanecer em sua casa com as crianças, descansando do trabalho do dia.

Thomas chegou ao salão onde o aguardavam os dois religiosos que sabia estarem de acordo consigo. Convidados para aquela reunião, ali eles resolveriam o caminho a tomar, respeitando Thomas as suas opiniões sobre os acontecimentos atuais.

– Boa noite, amigo Mathias e padre Miguel – cumprimentou-os Thomas.

– Boa noite, Thomas – respondeu-lhe Mathias, homem de seus cinquenta anos, com ar pesado, na face muito séria.

– Boa noite – assim também cumprimentou o homem de aparência jovem e distinta, padre Miguel, de seus quarenta anos, olhando sorridente para Thomas, porém com ar interrogativo.

– Continuai-vos sentados, e Stunf, por favor, fecha a porta – recomendou Thomas ao servo ali a postos.

– Então, senhores, pedi que aqui chegásseis com a intenção de vos falar, já que conheço Mathias há longos anos e creio que todos nós seguimos as mesmas tradições em relação ao cristianismo na programação eclesiástica, tendo como base o Evangelho de Jesus, que não deve se deturpar. Bem... nem sei como começar...

– Sei o que queres nos falar: dos abusos do poder de certos "amigos" dentro do sistema a que servimos – antecipou-se frei Mathias.

– Sim, não gosto de falar certas coisas, mas é imperioso que se tome uma iniciativa. Todos nós aqui procuramos ser verdadeiros cristãos. Sei, Mathias, que tu assim és e, pelo que me contaste, o padre Miguel também estava insatisfeito com esse mau uso do poder, e foi por esse motivo que vos chamei a este encontro. Podereis aqui pensar o que eu, um presbiteriano, tenho a ver com o que os católicos estão fazendo, no entanto, ainda que não atue no catolicismo, o Cristo e o Seu Evangelho, ainda que com certas mudanças feitas pelo próprio clero, são os mesmos para todos nós cristãos. A união de alguns religiosos contrários, eu sinto, poderá despertar o ânimo de outros irmãos a esses atos que ferem e que já feriram tantos seres humanos no passado.

Miguel, odiando a intromissão daquele reverendo presbiteriano em sua vida de padre católico, movimentou-se na cadeira, procurando acomodar-se melhor e criando, em sua face, um sorriso sem graça, ao ouvir Thomas continuar:

– Perdoai-me, mas, se falo, é por amor ao Mestre Jesus, que sei que todos aqui têm, e também por amor ao nosso próximo. Há denúncias do clero à inquisição contra indivíduos de nossa pequena cidade, acusando-os como negadores do Cristo. Foram inúmeros indivíduos abarcados, em questão de semanas.

Miguel continuava calado, olhando-os de soslaio.

– Então, amigo Miguel, o que achas? Estás de acordo em atendermos o que é correto, procurando conversar com os envolvidos nesses crimes à população? – indagou-lhe Thomas.

– Bem... por minha vez, acho que tens razão; no entanto, acho que se deve pensar melhor no caso – afirmou Miguel.

– O quê? Pensar melhor? Queres que indivíduos inocentes sejam envolvidos por esses fins injustos? Não há tempo a perdermos – redarguiu Mathias.

– Aquele do qual penso estarmos falando é muito poderoso, como todos os outros o são, amigos... – disse Miguel, sem desejar citar nomes.

– Sim, mas não podemos cruzar os braços, padre

Miguel. Eu e tu somos católicos, e nosso sacerdócio é de fé e respeito aos ensinamentos do Mestre Jesus. Onde estaremos se ficarmos realmente néscios, ocultando o bem e deixando o mal apoderar-se de nós? – continuou o frei jesuíta Mathias, indignado. – Não! Temos que abraçar essa causa.

– Sim, sim... Mas temos que ter calma, senhores. As preocupações se apoderaram de vossa alma. Calma! – afirmou Miguel.

– Se tivermos mais calma do que estamos tendo, muitos aqui podem morrer, meus irmãos – confirmou Thomas. – Esse é um caso importante e urgente a ser decidido.

– Ora, ora, muitos casos como esses se escondem nesta e em outras cidades – respondeu-lhes Miguel. – Sugiro olharmos, sem tanta significância, para esse fato. Bem, agora devo ir – falou, levantando-se –, desculpai-me. Nossa conversa poderá ficar para amanhã ou depois, como desejardes. Por favor, confirmai-me o dia. Faço questão de comparecer e, quem sabe, lutaremos todos por essa causa "familiar". Boa noite.

"Causa familiar?" – interrogou-se Thomas – "O que Miguel quis dizer com isso?"

Miguel levantou-se, e Thomas, calado, acompanhou-o até a porta.

Mathias e o reverendo se olharam, e ambos franziram o cenho. O que Irmão Miguel escondia, afinal? Qual seu medo, sua desconfiança? Por que chamara de "causa familiar"? Estaria ele também envolvido com aqueles abusos? Sim, porque o sacerdócio se desvirtuava. A maior parte dele não mais se conscientizava de que a introspecção e a vigilância moral deveriam movê-lo. Os sacerdotes sentiam o poder que tinham nas mãos e disso abusavam, praticando o que lhes vinha à mente. E isso era como um "prato quente" para os Espíritos do mal. Era aí que se infiltravam, fazendo-os vibrar em desacordo com o que até agora haviam aprendido. E o materialismo iniciava a tomar aqueles corações. Desejavam mulheres e as atraiam a verdadeiras tocaias. Algumas eram ingênuas e, para não serem malfaladas, acabavam por tirar a própria vida.

Os sacerdotes assumiam postos e se apossavam do dinheiro de famílias. Isso os fazia sentirem-se importantes, dispostos a adquirir o que ambicionavam. E a espiritualidade inferior divertia-se em apossar-se daquelas mentes invigilantes, geralmente dos aparentemente mais crédulos, que achavam isso necessário e correto, tornando-os comungados com o mal.

Frei Mathias, decidido a também sair dando de

ombros, despediu-se de Thomas, que, antes de fechar a porta, ainda chamou por ele:

– Como conseguiremos mais aliados, Mathias? Notaste Miguel e sua fala, suas maneiras, seu olhar? Estou petrificado – comentou Thomas, não desejando falar mal daquele que, até aquele momento, mostrara-se amigo, aceitando suas sugestões e tendo os mesmos interesses.

– É, querido irmão, as pessoas mudam de lado com uma simplicidade e rapidez...

– Estaria ele também implicado, Mathias?

– Possivelmente. Contudo, a sujeira visita os pântanos da alma, e não sabemos da real abrangência da mesma.

Mathias suspirou profundamente, colocou seu manto na cabeça e saiu até a rua. Sendo auxiliado pelo cocheiro que o aguardava, partiu diretamente ao seu lugar de descanso.

Thomas fechou a porta, pensativo: "Senhor – orava ele –, o que nos está acontecendo? A era das trevas já se foi, quando tantos irmãos foram maltratados... Tantos sofreram pelo cristianismo dos primeiros dias, essa causa justa que não queremos ver deturpada, contudo, Senhor, vejo ramificações obscuras que se formam como galhos tenros e começam a se desenvolver, procurando tomar conta da vida de nossos amigos, verdadeiros cristãos da obra de Jesus... Oro a Vós, Senhor, para que o mal não lhes suceda e para que eu possa, com o mínimo que trago comigo, auxiliá-los, ainda que eles não sejam presbiterianos como eu, mas católicos".

Depois dessa prece, Thomas procurou seus familiares para jantar com eles.

– Então, mamãe, como vão as coisas? – Thomas perguntou à mãe após sentar-se e fazer uma prece, percebendo a face carregada dela e da irmã.

– Meu filho, quem tem de perguntar isso a você sou eu. Sei dos problemas do clero e sei que estás contra os absurdos que estão acontecendo, mas valeria a pena perder a vida por isso? Não seria melhor pedir tua mudança para outros locais?

Mary ouvia-os cabisbaixa e pensativa.

– Minha mãe, agora jantemos. Isso que eles fazem é copia da real inquisição, exatamente pela proeminência do clero em querer julgar os atos alheios e fazer a sentença de acordo com sua vontade. E esquecem-se de que somente Deus pode fazer justiça aos que não sabem amar e andam contra a Lei e, além do mais, o que importa, minha mãe, a meu ver, é somente o que o Mestre nos veio ensinar. E Jesus nos ensinou a amar a Deus e ao nosso próximo, a perdoar e a não julgar os atos alheios, o que eles se negam a fazer.

– É uma pena que todo esse horror esteja acontecendo – lamentou-se a mãe do reverendo, que, em seguida, passou a contar: – Edith Polinski é uma senhora tão delicada e educada pelos princípios da Igreja, e sua pobre filha Isabel, que nasceu e criou-se tão bela, agora se culpa por ter evitado a visita do bispo Philip. Os motivos... não sabemos, pois ela o repele. Sabemos disso porque Leonard, meu genro, ciente de que Isabel é amiga de Mary, contou-lhe.

– Mas, minha irmã – perguntou-lhe Thomas, desejando mudar o rumo da conversa –, como está Leonard, teu esposo, e as crianças?

– Todos estamos bem, graças a Deus – a jovem respondeu-lhe. – Como médico, Leonard não se envolve em nada, tem na medicina verdadeiro sacerdócio, apesar de ter sido ele quem nos contou sobre a família Polinski, quando foi chamado para examinar Isabel naqueles dias. É que Polinski, nobre senhor, ficou sabendo de insinuações indecorosas de um desses do clero à sua filha. Ela é uma jovem muito bonita e, sabendo daquelas intenções, não quis aceitar o convite para entrar para o convento. E ficamos todos preocupados.

Thomas suspirou profundamente. Nascido na Inglaterra, sua fisionomia era clara e sorridente. Jovem de trinta e nove anos, firmava-se agora como ótimo sacerdote presbiteriano e trazia, no coração, o ímpeto firme de servir ao Cristo. Mas vacilava em como driblar o mal. Então, ergueu a cabeça e, olhando sorridente para a mãe e para a irmã, completou, mudando, por ora, o rumo da conversa:

– Pedi que viésseis, mas não para que vos preocupeis comigo, eu vos amo e estou com Deus. Já fiz meus votos sabendo de tudo o que poderia me ocorrer, mas jurei ser fiel ao Cristo. O terror da inquisição, que provocou por longos anos martírio e dor, não poderá voltar, e disso estamos cientes, mas vejo algo semelhante açambarcando ainda os nossos dias com dores e lamentos. Alegremo-nos por estarmos hoje em paz. A cada dia, basta seu mal, e hoje estamos juntos e felizes. – E finalizou, sorrindo: – Portanto, jantemos com a permissão e a graça de nosso Mestre Jesus.

Capítulo 2

Cristãos apreensivos

"Orai e vigiai para não cairdes em tentação."
Jesus (Marcos 14:38)

O JANTAR OCORREU, A PRINCÍPIO, EM TOTAL SIlêncio. A senhora Anne mastigava, mas não conseguia deglutir.

– O que tendes, minha estimada mãe?

A mãe de Thomas desejava erguer-se, mas não conseguia. Então, engoliu rapidamente o jantar, suspirou fundo e comentou com o filho:

– Meu querido filho, sabes o quanto aprecio a tua maneira de ser, que me deixa totalmente envaidecida; no entanto, deves ter cautela. Sei que estás com a razão, mas o grupo talvez seja grande, e vocês são somente três contra todos. Cuidado... não quero que morras.

– Somos agora somente dois, minha mãe. O padre Miguel debandou-se. Mas, enquanto ainda um só estiver lutando pela causa do Mestre, tudo estará tranquilo; o Evangelho nos mosteiros está sendo totalmente desfocado. Jesus veio trazer-nos o amor, e não a revolta, veio trazer-nos a paz, e a paz está Nele e em Seus ensinamentos de amor. No entanto, em vez de amor ao próximo, eles cultivam o poder e o desamor. Viram que existe, no sacerdócio, certo poder e, com isso, procuram abraçar verdadeiras fortunas e aprisionar qualquer pessoa que esteja em desacordo com eles, e os ricos... bem, alguns ricos que se achavam acima de todos foram surpreendidos há alguns dias pela desapropriação de suas propriedades, por acusações anônimas; e não adiantou valerem-se dos documentos originais de posse.

Depois, depositou o olhar em Mary, consternado:

– Quanto a Isabel, penso que poderei ir vê-la amanhã. Pobre menina, mal saiu da puberdade e, por ser tão bela, acabou, sem querer, enfeitiçando o bispo Philip de Bristol. Vê, minha irmã... Não sei se ela se sairá bem dessa. Queres ir comigo lá amanhã, "pequerrucha"? – perguntou a Mary.

– Sim, quero ir contigo. Estive com ela ainda ontem e temo por sua vida. O que sabes mais sobre Isabel?

– Sei que o bispo quer que seus pais a cedam ao convento e lá ele poderá vê-la quando quiser... O nosso pobre bispo está totalmente tomado pelos Espíritos das trevas, e o pior é que inflama a todos os que lhe estão próximos, e onde há fumaça, brevemente haverá uma grande fogueira.

– O que desejas dizer com isso, meu irmão?

– Quero dizer que há ainda muito caminho a andar e prejuízos imensos na perda de homens e pessoas de bem. Mas deixemos este assunto para outro dia, afinal, estamos aqui para agradecer a Deus por este precioso jantar e nos alimentarmos com o alimento abençoado.

– Estás querendo mudar de assunto, não é? – indagou Mary.

– Pois é, não me sinto seguro falando sobre isso aqui hoje.

Instintivamente, o reverendo temia.

À escuta, atrás da porta da sala de jantar, estava Stunf, colocado ali como espião pelo próprio padre Miguel, depois da morte do anterior servidor da casa. E Stunf, de olhos bem abertos e ouvidos atentos, sorria, sentindo-se como administrador de alguma missão importante.

Mary ouvia o irmão e, em certo momento, falou:

– Meu irmão, penso que o sacerdote católico, frei August, esteja do nosso lado.

– Mary querida, eu te pedi. É melhor pararmos com esta conversa aqui, minha irmã. Olha, mamãe está calada, não gosta de ouvir falar sobre isso, e Elisa já deve estar chegando de viagem. Logo, abraçarei minha querida noiva. Deves fazer companhia a nossa mãe, querida. Deixa que eu cuide de tudo.

No abrigo de Mathias:

– Georg – dizia o reverendo Mathias a seu auxiliar –, o mundo está virado de pernas para baixo... Não sentes isso também?

– Por que motivo, mestre?

– Ora, pelas coisas que estão acontecendo. Além de levarem as pessoas, principalmente mulheres que consideravam bruxas, ao martírio, tempos atrás, hoje matam por ciúmes e por bens materiais. Estive nos presídios e senti pena ao ouvir a súplica dos familiares que em mim confiam, sabendo como me comporto, procurando ser um verdadeiro seguidor de Nosso Senhor Jesus Cristo. Bruxas são justificativas dos próprios infratores da morte. As visões, as conversas e o pedido de auxílio espiritual que essas pessoas ouvem não são motivos para acusar alguém, levando ao martírio. As que fazem bruxaria adorando o mal, essas sim são bruxas. Frei August vai ajudar-nos, ele sabe que esses fatos, de certa forma, são naturais nos indivíduos.

– Não entendo, senhor.

– Olha para mim. Achas-me um bruxo?

– O que é isso, reverendo? O senhor é o homem mais bondoso que conheço.

– Por que motivo me achas bondoso?

– Ora, o senhor faz caridade, cuida dos pobres, asila doentes em sua própria casa. Se isso não é ser bom, então eu... Afinal, não conheço ninguém melhor do que o senhor.

– Pois vejo e ouço os seres do Além, as almas dos que já se foram.

Georg olhou com olhos arregalados para o reverendo Mathias e gaguejou:

– Não digais isso, reverendo, que o senhor vai se dar mal.

– Pois é. Não sou um bruxo, mas é por esse motivo que ainda se aprisionam pessoas e, o pior, matam-nas na maior parte das vezes, dizendo que isso é coisa do diabo. No entanto, Georg, essas visões mais se firmam quanto mais velho fico. Ontem mesmo, minha mãe veio consolar-me.

Mathias suspirou profundamente e relembrou Thomas. Sim, eles deveriam fazer alguma coisa para acabar com o mal que certos sacerdotes, tendo na frente o bispo Philip e outros fanáticos, estavam fazendo. Então, concluiu frei Mathias em seu pensamento: "Jesus nos pediu que amemos o próximo e não que o assassinemos" – e disse:

– Ver e ouvir não é bruxaria, mas coisa natural a certas pessoas mais sensíveis.

Georg calou-se no momento, mas estava louco para contar essa história à moça que cuidava da cozinha, Francisca, pela qual estava se apaixonando. E quando teve oportunidade correu para lá.

Viu-a lavando algumas verduras e cochichou em seu ouvido o que ouviu do frei. Ela parou tudo o que fazia e, colocando-lhe o olhar perquiridor, indagou, com as mãos na cintura:

– O quê? Não acredito! Meu Deus, onde estamos?!

– Francisca, por favor, silêncio! Que fique somente contigo isso que contei – firmou muito sério o auxiliar de Mathias.

No entanto, Francisca, ao saber disso, não conseguiu se controlar e, como estava de olho em Stunf, contou "sigilosamente" para ele, quando o viu na feira de frutas no dia seguinte.

Elisa chegou pelo trem noturno, acompanhada por Célia, uma dama de companhia. Thomas a estava aguardando com a serva Rosana, que sorriu prazerosamente ao vê-la e fez-lhe um significativo ato de flexão de joelhos para cumprimentá-la. E os quatro entraram na carruagem que os levaria à residência provisória do reverendo.

– Então, Elisa, como vão as coisas em Londres? – indagou o jovem pastor a ela.

– Politicamente?

– Ora, não politicamente, porque aqui somos informados de tudo o que acontece por lá, quero saber de tua vida – falou apanhando-lhe uma das mãos.

– Bem... Como sabes, estou fazendo artes...

– Sim, queres dizer artes para o lar.

Elisa, graciosa jovem, olhou para o noivo sorrindo, não conseguindo esconder o que sentia por ele, e respondeu-lhe:

– Aprendendo bordado, piano e um pouco de violino. Na escola, também nos ensinam a cuidar do lar, que é o sonho de toda moça jovem como eu, com intenções de casar-se.

Thomas sorriu, beijando-lhe a mão, pela pureza dos pensamentos da jovem noiva.

– E teus pais chegam quando?

– Como escrevi, eles só poderão chegar à semana vindoura. Bem... se não fosses um ministro de Deus, eu não estaria aqui. Todavia, não desejava perder o teu natalício.

Os dois riram, enquanto as outras duas senhoras continuavam caladas na carruagem, que chegava à residência de Thomas.

– Bem... chegamos.

O pastor desceu da carruagem, apanhou Elisa, deu-lhe o braço, e adentraram na residência, onde a senhora Anne, a postos, esperava-a, juntamente com os empregados.

– Bem-vinda, minha filha, espero que te sintas à vontade aqui conosco – cumprimentou-a sorridente a senhora, com uma educação verdadeiramente inglesa.

– Obrigada, senhora Anne, é um prazer rever--vos – respondeu-lhe Elisa, sorrindo, deixando-a notar seus alvos dentes e o brilho fulgurante no olhar, ao fazer-lhe uma demonstração de respeito com pequena flexão dos joelhos.

– Bem... minha filha Mary já conheces.

– Estou feliz por rever-te, Mary. Depois da escola, não mais tinha te visto, mas devo a ti o fato de ter conhecido teu precioso irmão.

– É um prazer para nós estares aqui, minha amiga. Viemos jantar com Thomas exatamente para aguardar-te.

– Continuando as apresentações – falou a mãe de Thomas –, esse é Stunf, o mordomo, aqui Rosana, que já tiveste a oportunidade de conhecer.

– Sim, mas ainda não havia sido apresentada a ela – falou, olhando para Thomas com um sorriso maroto.

– Bem, minha mãe, não é que esqueci mesmo? A esse fato podemos chamar de felicidade.

– Estás desculpado, meu filho. E continuando, essa senhora é a cozinheira da casa, chama-se Matilde.

– Será um prazer fazer vosso cardápio, senhorita – cumprimentou-a Matilde.

– Meu cardápio será o da casa. E desculpai-me todos de ter chegado tão tarde.

– Vem, querida. Como vês, não posso subir as escadarias. Rosana levar-te-á um copo de leite e mostrará teu dormitório, que está pronto, e logo um bom sono vai deixar-te descansada. Amanhã, conversaremos. Espero que já tenhas feito tua ceia, ou não? – indagou-lhe a senhora Anne.

– Sim, eu a fiz no trem – confirmou, satisfeita, a jovem, erguendo a saia longa para subir os degraus da escadaria, olhando vez em vez para Thomas, que a acompanhava com sua camareira pessoal, Célia, e com Stunf, que carregava um pesado baú com outro auxiliar.

– Então, muito bem. Tua acompanhante chama-se...

– Célia. Perdoai-me, esqueci-me de vos apresentar – desculpou-se Elisa, acarinhando-lhe a mão.

– Elisa, tua acompanhante Célia te vestirá e, depois, descerá para que Rosana lhe mostre seus aposentos – disse-lhe Thomas ao adentraram na peça ampla e preparada.

Thomas assistia a tudo de fora do quarto, observando a noiva a despedir-se dele com um aceno. Porém, antes se aproximou, dizendo-lhe:

– Boa noite, Elisa. Estou muito feliz por estares aqui conosco.

– Boa noite.

Sorridente, após ouvir Francisca naquela mesma manhã, bem cedo, Stunf pediu licença ao reverendo, dizendo-lhe que precisava tratar de alguns assuntos pessoais na rua, mas encaminhou-se diretamente para a casa do sacerdote Miguel, a fim de colocá-lo a par de tudo o que ouvira. Em resposta, iria receber algumas libras esterlinas, o que daria para visitar sua mãe no final de semana.

O padre o recebeu com grande sorriso:

– Conseguiste saber algo, meu amigo?

– Sim, consegui ouvir que não fazeis mais parte daquele antigo trio.

– Eles desconfiam de mim? – sorrindo, perguntou padre Miguel.

– Certamente. O reverendo Thomas disse que vós debandastes, mas que ele iria até o fim para acabar com tudo o que estava acontecendo. E a moça, irmã dele, contou que frei August poderia colaborar com eles em seu lugar.

– Frei August? Outro jesuíta?

– Sim, outro jesuíta que pensa como eles... mas deveis ouvir bem o que vos trago.

– O que há, Stunf, de tão importante? O que vais dizer-me é sobre o reverendo?

– Não se trata dele, sacerdote Miguel, o caso é com aquele que está de acordo com ele.

– Mathias?

– Sim.

– Mas o que há com Mathias de tão grave?

– Ouvi de Francisca, a cozinheira daquele frei, algo sigiloso, que não deveria contar ao senhor, mas como vou receber grande valor por minhas informações...

– O que é? Conta-me, imbecil!

Stunf olhou para o padre e fez um ar de quem não havia gostado do termo que o sacerdote usara com ele, pois estava em vantagem agora. Então, em vez de responder-lhe, fez uma pergunta:

– Padre, dizei-me qual o vosso interesse em saber tudo o que se ouve naquela casa? Vós não estais pensando em capturar o reverendo Thomas, não é?

– Claro que não! – afirmou Miguel, rindo muito. – Que ideia a tua, rapaz. Sou uma pessoa que não elimina ninguém. Conta-me, pergunto somente porque sou alcoviteiro mesmo.

– Bem... o sacerdote Mathias vê e ouve as almas do outro mundo.

O sacerdote, que estava sentado, tendo o mordomo de Thomas ao lado, olhou-o fixamente, cerrando os olhos.

– Isso que estás me dizendo é sério, rapaz!

– Mas... o que ireis vai fazer com ele? Afinal, ele é um homem que faz muita caridade.

– Eu? Fazer o que, rapaz? Não sou Deus para fazer algo a ele. Ele que se acerte com o diabo que está com ele! Agora... fora. Sai daqui!

E pensou: "Aí está a oportunidade que precisava para retirar esse frei de nosso caminho".

– E... o meu dinheiro? – indagou-lhe Stunf, preocupado.

– Teu dinheiro? Ainda tens muito a contar-me.

– Mas quando receberei o dinheiro? Minha mãe está doente, e eu gostaria de ir a Londres ainda esta semana.

– Ufa, mas tu és um cretino mesmo! – falou, levantando-se. – Tu és surdo? Não tenho nada agora para dar a ti! Não sabia que irias me trazer essas mentiras ainda hoje. Quero verdades. Tu estás me enganando só para ir ver tua mãe. Semana que vem, traze notícias quentes, que te arrumo algo.

– Mas... mas eu disse a verdade, minha mãe necessita de mim... e Francisca contou-me isso ainda hoje pela manhã, na feira.

O sacerdote foi até a porta de entrada, abriu-a e mandou-o sair.

– Sai daqui, dissimulado, pois não acredito em ti!

E quando o rapaz saiu, Miguel gargalhou. Seus olhos, agora brilhantes, como que soltavam faíscas. Depois, olhando para o quadro de Jesus na cruz, que estava na parede em sua frente, serviu-se do cálice de vinho, comentando:

– Pegarei o bruxo, Jesus Cristo, eu Vos prometo – e, sorrindo, ergueu a taça como a brindar, à frente da imagem retratada, o que soubera.

Capítulo 3

Isabel e o encontro com Thomas

"O perfeito amor lança fora o temor"

I João 4:18

THOMAS, NO OUTRO DIA, AO SABER POR LEONARD sobre o caso da menina Polinski, pediu licença a Elisa e avisou sua mãe, que lá havia passado a noite, sobre a necessidade de fazer uma visita à amiga de Mary. E foi até a residência da irmã para apanhá-la.

Mary agasalhou-se bem, pois fazia muito frio, entrou na carruagem, cumprimentou Thomas, com o qual se sentia sempre muito segura, depois de dar um beijinho em seu esposo, que ia até o hospital, e em seus filhos, que ficariam sob os cuidados de Gerta, uma babá cheia de corpo e muito risonha.

A carruagem atravessou diversas ruas e parou em frente de um tosco e antigo portão. Ambos desceram e lá bateram, adentrando no jardim interno, onde o pai de Isabel os atendeu.

– Bom dia, senhor Polinski, como está tua filha? – indagou-lhe o reverendo.

Frederick Polinski estava com aparência de mais idade. Parecia que envelhecera dez anos da semana anterior a esta. Sua esposa, adoentada, não quis se levantar da cama para atendê-los.

– Bons dias, reverendo. Bem, como deves saber, minha filha está adoentada há dias. Não quer me dizer o que a aflige, no entanto, penso que algo ela esconde de nós. Irineu, o jovem que lhe está prometido, já era para estar aqui. Tenho maus pressentimentos – conversou, suspirando, o pai aflito.

– Nós podemos conversar com ela? – pediu-lhe Thomas.

– Sim, podeis subir.

Isabel, deitada de bruços no leito, ardia em febre. Os dois, reverendo e irmã, entreolharam-se e pensaram a mesma coisa: "Ela pode morrer pelo sofrimento". Mary a virou delicadamente de frente e iniciou a colocar compressas de água fria, que já estavam ao lado da cabeceira, em sua cabeça.

– Thomas, talvez devêssemos chamar meu esposo no hospital? Como o pai dela pode estar tão apático com isso?

– Seus pais não devem ter visto que ela está assim, tão febril.

Isabel abriu os olhos, sorriu para Mary e apanhou, debaixo do travesseiro, uma carta do noivo.

– Vê, reverendo, e lê, por favor, mas não mostres a meus pais.

"Barcelona

Isabel, minha noiva, saudações!

Escrevo para dizer-te que fui procurado por um desconhecido que me entregou uma carta. Quando a abri, procurando ver quem me havia encontrado aqui, nessa Universidade, em estudos, qual não foi a minha surpresa, a carta era anônima. Nela, alguém escrevera que estarias comprometida com a Igreja e dizia também que eu seria morto se porventura pisasse os pés aí, antes mesmo de chegar à tua casa. Não contei para os meus sobre esse fato, mas quero saber de ti se resolveste tornar-te freira ou se te envolveste com alguém que quer me ver longe de ti.

Irineu Rutnsburg"

– Eu disse a meus pais – comentou Isabel –, quando recebi essa carta, que ele já estava chegando, no entanto, não sei o que fazer. O bispo me assedia de todas as formas e quer obrigar-me a entrar para o convento. Não quero que meus pais se entristeçam com isso.

– Minha filha, isso é realmente de se pensar, mas mesmo não desejando que teus pais sofram por ti, deves contar a verdade a eles. A verdade deve ser dita, pois eles te amam e tudo farão para te ver feliz.

– Desejo morrer.

– Vamos chamar o médico, minha filha – comunicou Thomas, penalizado.

– Não chames o médico, para mim não há caminhos.

– Mas, Isabel, querida, tua vida vai melhorar. Deus é Pai e não nos abandona – consolou-a Mary. – Pensa em Jesus. Ele veio salvar nossa vida. Disse-nos que só vai a Deus quem a Ele for. Sê fiel ao que desejas e pede auxílio a Ele.

– Estou atormentada e triste, não gostaria de ter nascido com essa beleza que atrai os maus.

– És linda e serás feliz com teu noivo. Conta a teus pais, querida amiga. Quem sabe possais sair deste lugar – confortou-a Mary.

– Deus sempre apresenta os caminhos de sua libertação ao filho fiel – refletiu o reverendo –, mas tens de usar a meditação, só assim ficarás com tranquilidade para solucionar teus problemas, filha.

– Reverendo, vou contar a ti, que não és católico, porque, se eu confessasse isso para qualquer um dos padres, jamais iriam acreditar em mim.

– Podes confiar em mim.

E pediu o reverendo a Mary:

– Mary, por favor, sai do quarto por alguns instantes.

Mary saiu e ficou no terraço que dava para o jardim, fechando a porta do dormitório.

– Conta-me, Isabel, como tudo começou – pediu-lhe o reverendo.

– Reverendo Thomas, tua irmã é minha melhor amiga, por isso sei que vais me ajudar. Vou contar tudo a ti... – e começou a chorar, deitando ali todo seu desespero.

"Meus pais acham que não estou saudável, mas minha doença é emocional. Penso que vou ficar louca e, na realidade, tenho vontade de tirar minha própria vida. Meus pais são o que de melhor tenho no mundo. São pessoas que amo muito e sei que fariam tudo por mim. – E, limpando as lágrimas dos olhos com as mãos, continuou: – Algumas semanas atrás, chegou aqui o bispo Philip, que veio de Bristol. Encontrou-me no jardim, pediu-me para deixá-lo entrar, que desejava falar com meus pais. Nós o conhecíamos das missas e, sempre nas orações, ele tinha os olhos fixos em mim. No dia em que chegou aqui para conversar com meu pai, abri-lhe o portão, e ele beijou minhas mãos, dizendo que eu era a mulher mais bonita que já havia visto. Não gostei de suas maneiras, então levei-o para onde estavam meus pais, e ele ficou conversando muito tempo com eles. Quando saiu, viu-me no jardim novamente, cuidando de minhas plantas, e comentou: "Se eles não querem que entres no convento para tornar-te uma freira, tu serás uma perdida; tens em todo teu corpo a própria maldição. Precisas entrar no convento para te livrar do mal! Voltarei aqui amanhã para saber a resposta de teus pais".

Fiquei preocupada e entendi que meu rosto era mesmo o meu mal. Não sabia o que ele havia dito aos meus pais. Eu, ser freira? E quanto ao meu noivo? Subi novamente as escadarias e, quando entrei no salão onde estavam meus progenitores, vi-os discutindo. Ao me verem, eles se calaram. Então, contei-lhes o que o bispo havia me falado. Meu pai ergueu-se da poltrona e, colocando a mão sobre minha cabeça, concluiu: "Não te preocupes e não dês ouvidos a esse senhor. Tu tens um anjo dentro de ti, minha filha. Vais, sim, casar-te com teu prometido, conforme decidimos. Irineu gostou de ti depois que soube como és e viu a pintura que mandamos para ele e, além disso, sabes que ele será um esposo perfeito. Sabemos que também gostaste da sua face, na pintura que ele nos mandou. Nada será modificado. O bispo volta amanhã para saber nossa decisão; pediu para pensarmos, contudo, está decidido, queremos netos e família, jamais serás uma freira".

Abracei meus pais e fiquei feliz, porque desejava mesmo ter uma família e dar muitos netos a eles. No dia seguinte, quando o bispo veio para a reunião com meus pais, saiu daqui furioso; em sua face, vi o verdadeiro ódio. Ao passar por mim no jardim, agarrou-me fortemente pelo braço, confessando-me ao ouvido: "Cuidado com a desobediência. Sabes que quem não atende ao bispo vê-se mal. Tenho a Igreja nas próprias mãos; vossos nomes e vossos documentos estão comigo e tu poderás ser a responsável pela destruição dos teus pais."

Isabel terminou de contar aquele fato e fixou os olhos ternos no reverendo, perguntando:

– O que ele quis dizer com essa ameaça, ministro Thomas? O que poderá nos fazer?

– Bem... isso nós jamais poderemos saber.

Mas, no íntimo, Thomas sabia que aquela família corria perigo.

Thomas conhecia o poder da Igreja e não ignorava a gravidade do assunto. E tão decepcionado ficou com o bispo, que se sentou ao lado da cama da adolescente e, apanhando sua mão, falou-lhe fraternalmente:

– Minha filha, tirar tua própria vida não faria ninguém feliz, porque teus próprios pais tampouco escapariam das mãos desse bispo. No entanto, minha filha, se assim posso chamar-te, Deus nos aponta os caminhos, porém, às vezes, não conseguimos enxergar. Teu noivo virá de uma maneira ou de outra, nem que eu mesmo vá apanhá-lo na Espanha. Dá-me o endereço, que vou escrever a ele.

– Aqui está, pega-o. Reverendo, o senhor pode ter esse tipo de atitude, mesmo sendo presbiteriano e uma pessoa verdadeiramente cristã?

– Temos de defender o cristianismo, minha filha, com a mesma pureza com que nos foi dado por Jesus.

– Mas o bispo tem vilões em toda parte e pode descobrir tudo sobre a minha vida. Talvez, tenha já mandado matar meu noivo...

– Isabel, somos todos nós do Cristo, mas alguns sacerdotes, com a lembrança da inquisição, quando podiam tomar posse de riquezas com muita facilidade, culpando pessoas que não estimam para livrar-se delas e tomar seus bens, transformaram-se em verdadeiros tiranos. São elementos que deveriam ser do Cristo, mas que não conseguiram vigiar seus próprios atos, como Jesus nos pediu, sendo atiçados pelo mal, por intermédio do poder. Esses de que falo estão dispostos a adquirir tudo o que desejam. Eles mandam no povo e, seja o que esse bispo quer, não deve ser coisa boa. Não deves te esquecer de que ele, antes de ser um religioso, é um homem. E o ser humano é fraco e imperfeito.

– Tenho faltado à missa com receio de vê-lo. Eu o odeio e o temo.

– Sim, ele está errado e, pelo que conheço, é um homem perspicaz, do tipo que procura conseguir o que quer. É um dos mais ricos agora, e ainda tem sede de riquezas. Tudo o que consegue vem exatamente de seu próximo, do indivíduo que ele deveria aprender a amar. – E, suspirando profundamente, continuou: – Mas que isso fique entre nós, minha menina, porque não gosto de comentar as coisas erradas daqueles que também ensinam o Evangelho. Não devemos julgar as pessoas, e Jesus veio ensinar-nos que precisamos seguir o caminho do bem, a tal porta estreita, como também já ouviste falar na Igreja que segues.

– Não quero mais voltar à missa, reverendo. Esse homem não pode ser bom, ele é do mal.

Thomas suspirou, abriu a porta para sua irmã adentrar no dormitório e completou, colocando o endereço do noivo de Isabel no bolso da túnica:

– Então, está combinado. Procurarei fazer o que te falei. Voltarei para ver-te.

– Obrigada, reverendo. Estou bem melhor, mais animada.

Mary beijou a face de sua amiga, que passou a sorrir, agradecendo a esperança de realizar sua felicidade. Isabel se alimentou e quis levantar-se da cama, para a alegria de seus pais, que nada sabiam de seu drama, pois ela não quis lhes contar.

Thomas, ao chegar a casa, depois de deixar Mary, escreveu a carta para o noivo da jovem e colocou-a na carruagem do correio, que o aguardava. Esperaria que a resposta de Irineu chegasse o mais breve possível.

O bispo Philip, desde que vira Isabel na missa, interessou-se por ela e, daquele dia em diante, aquela família polonesa começou a temer. Com as visitas seguidas e o assedio à jovem, a olhos vistos dos pais, aquele que fizera, aos pés do altar, os votos de celibato a Deus ficava mais desnorteado dia a dia.

– Senhor Frederick Polinski – falou o bispo, tentando ludibriar o pai de Isabel, a sós com ele em nova visita –, o senhor há de convir que uma jovem bela e delicada como tua filha deve ser preservada. Todos os pais de família sempre colocam a primeira filha a serviço da Igreja, oferecendo-a a Deus. Por que tu não o fazes?

– Excelência, cabe-nos dizer-vos que já escolhemos o prometido para ela – relatou o senhor Frederick ao bispo, sentindo a vibração negativa que aquele homem trazia. – Queremos muitos netos. O rapaz é um polonês de distinta família e nos honrará com sua presença na semana que entra – dissimulou.

O bispo franziu o cenho e procurou disfarçar sua raiva. Em sua cabeça, mil pensamentos dançavam, matutando em como exterminar o noivo da mulher que o fazia se perder, pela paixão que alimentava.

A invigilância é o grande perigo para todo ser humano que se envolve no materialismo e no poder, principalmente para aqueles que dedicam sua vida ao próximo. Os inimigos do bem escolhem exatamente as fraquezas humanas para combater-lhes e fazê-los falir. Assim estava acontecendo com o bispo Philip, que, desde seu início no celibato, lutara com todas as suas forças para assim permanecer cristão, até que a facilidade de conseguir valores fez com que perdesse, com a invigilância e a falta da prece, pouco a pouco, todas as qualidades adquiridas.

– Mas, por acaso, sabes quem, realmente, é esse

jovem? Conheces sua família? Quem sabe ele não seja um pervertido?

– Nós conhecemos a sua família de longa data e o conhecemos ainda na adolescência, quando tinha doze anos apenas. Já faz algum tempo, não há dúvida, contudo, sabemos de suas qualidades; além disso, minha filha e ele têm muitas afinidades e, com certeza, vão ser muito felizes.

Rancoroso, o bispo ergueu-se bruscamente da cadeira em que estava sentado e, sem esconder sua indignação, voltou-se, deixando o recinto sem se despedir.

Ao passar pelo jardim, encontrou Isabel com seu cãozinho e, firmando-lhe os olhos aguçados pelo rancor, apanhou fortemente seu braço, afirmando:

– Serás minha de qualquer maneira. Sumirei com teu noivo e acusarei teus pais como hereges. Tenho o poder nas mãos, e a vida deles depende de ti. Portanto, faze alguma coisa, se os amas.

Isabel caiu em desespero. Entrou na sala chorando e trancou-se no dormitório. E a febre chegou, e por três semanas assim permaneceu, até que o médico amigo, doutor Leonard, foi chamado novamente.

Dias se passaram...

Conversando a sós com Isabel, Mary indagava-lhe se os pais dela agora sabiam de tudo e se ela já havia lhes contado sobre o bispo.

– Não sabem. Minha dor é tão grande por temer prejudicar meus pais, não aceitando o convite daquele monstro, que talvez desista de casar-me com quem estou comprometida.

– Sim, Philip de Bristol é capaz de fazer tudo o que disse, quando te ameaçou, minha amiga. Ele é mesmo capaz. Já ensanguentou as próprias mãos por diversas vezes, com a desculpa da obra inquisicional. Pobre Isabel, dize-me sinceramente... o que farás?

– Serei uma freira, minha amiga, desistirei da felicidade e terei de fazer a vontade daquele homem mandado pelo mal.

– Gostaria de te ajudar. Penso que devas falar tudo a teus pais, quem sabe mudam de cidade...

– Jamais faria isso, Mary, porque sei que eles, assim como me deram a vida, morreriam por mim.

– Meu irmão, que também é um sacerdote do Cristo, está revoltado com tudo o que está acontecendo e pretende fazer algo, para que haja uma mudança definitiva, Isabel.

– Ele nada conseguirá, minha amiga. Tenho certeza – extremamente abalada, a moça respondeu, chorando.

– Mas ele te ajudará com teu noivo, porque já remeteu a carta a ele.

– Então, está bem. Eu o aguardarei.

– Bem, amiga, a minha acompanhante Gerta me aguarda com minhas crianças na caleche. Desculpa-me, mas tenho de ir. Deus te guarde e acompanhe.

Capítulo 4

Dias atrás

"A fé, se não tiver obras, é morta em si mesma."

(Tiago 2:17)

TRÊS DIAS DEPOIS DA REUNIÃO NA CASA DO REVErendo, frei Mathias saiu às pressas para procurar por ele. Na carroça, acompanhado por Georg, o rapazinho que o auxiliava, desceu rapidamente ao se aproximar da igreja, entrando pela porta lateral, onde o reverendo fazia certas anotações, tendo ao lado dois senhores. Mathias bateu à porta e, olhando pela janela, fez um sinal a Thomas, que pediu licença aos senhores, indo ter com ele.

– O que houve, meu irmão? Algo sério?

– Recebi hoje uma intimação para comparecer à

presença do bispo Philip e do que eles consideram o "Santo Ofício".

Georg, que dirigia os cavalos, estremeceu e ficou ouvindo a conversa.

– Como isso, e por que, meu amigo?

– Ora, fui acusado de bruxaria.

Georg sentiu como uma alfinetada no coração. Como isso foi acontecer? Francisca... Sim, fora ela, e ele agora se sentia culpado. Então, desceu do carro e ajoelhou-se na frente de Mathias, chorando e apanhando-lhe as mãos:

– Perdoai-me, frei, é minha culpa, minha culpa! Eu, boca grande, contei isso a Francisca. Perdão, meu senhor.

Thomas olhou para Mathias e não soube o que falar. Mathias apanhou as mãos de Georg como que as sacudindo e disse-lhe com extrema ternura, olhando-o nos olhos:

– Meu querido filho, não há necessidade de perdão. Está tudo bem, aconteceu, e nada ocorre na vida sem que Deus o permita.

– Mas o que vos ocorrerá agora? Se o senhor

morrer, eu me matarei, juro! – continuou ainda ao solo.

– Ergue-te! Vamos para casa, meu rapaz – disse, suspirando. – Deixemos essas trevas que escurecem nosso céu de agora e imaginemos o sol iluminando o dia de amanhã. Deus nos aquece a alma e o coração, dando-nos o consolo, a paciência e espera a nossa total entrega.

Thomas nem abriu a boca para consolá-lo, porque se deu conta, naquele momento, de tudo o que acontecera, afinal, sabia da mediunidade do amigo, que também trazia consigo, somente em menor escala. E, refazendo-se do anseio que o dominou, exprimiu-se dessa forma:

– Meu amigo, tem coragem. Deus jamais nos abandona. À noite, irei ter contigo.

– Então, vai jantar comigo às sete horas, Thomas. Lá conversaremos.

– Está bem, às sete horas, estarei lá.

A carroça saiu do lugar com Georg, que sentia as lágrimas rolarem pelo seu rosto, tendo na cabeça, socado, o chapéu de lã.

– Não chores, Georg, nada ainda está perdido.

– Não posso deixar de chorar, senhor. Estou sentindo-me culpado por confiar na pessoa por quem me sentia apaixonado.

– Mas o que está feito, está feito, e tudo serve de lição para nossa vida, filho.

O rapaz se deu conta de que as confidências devem permanecer secretas, pois são possíveis de prejudicar a pessoa que as confiou. Em casos como esse, calar teria sido muito importante. Agora, o frei poderá ser acusado por sua culpa.

Ao chegar à residência, fria e úmida, ao lado do mosteiro, Georg pulou da carroça e auxiliou o frei, com mais idade, a descer, dando-lhe as mãos. A tarde cinzenta já estava a se entregar ao anoitecer. Georg andava ao lado do frei, que estava como mudo. Mathias, mentalizando como seria sua defesa diante de tamanha barbárie, sentou-se na cadeira da singela sala, pedindo a Georg:

– Georg, por favor, pede a Francisca que faça um gostoso caldo para recebermos aqui meu amigo de longos anos, o reverendo Thomas.

– Sim, senhor – confirmou o rapaz, cabisbaixo, enquanto o frei continuava ensimesmado.

Georg foi a passos largos até a cozinha, pensando: "Francisca irá se ver comigo, por ter contado a confidência a outras pessoas". Sua vontade era apanhar aquele belo pescoço e apertar fortemente, mas jamais faria isso, porque a amava.

– Francisca, jamais vou te amar como antes! – disse-lhe, entrando na cozinha. – Eu te contei um segredo e foste entregar o nosso frei ao Santo Ofício.

– Estás louco? Eu nada fiz, tira isso da cabeça!

– Mas foi só para ti que revelei, mulher! E, se ele morrer, a culpa será tua. Para quem contaste o que te falei?

Mexendo o caldeirão de caldo, que já sabia que o frei pediria ao anoitecer, ela arregalou os olhos e gaguejou:

– Deves estar brincando.

– Não, não estou brincando, não. Acusaram-no como bruxo.

– Mas não pode ser, Georg. Que coisa triste, meu Deus! – gritou, colocando as mãos sobre a cabeça.

– Responde-me, para quem contaste?

Francisca retirou o avental da cintura e disse ao rapaz, ajeitando o lenço da cabeça:

– Preciso dar uma saída, fica mexendo aqui.

– Ora, ora, vais ver aquele a quem contaste, mulher miserável? O frei quer que faças o jantar de hoje.

– Fica aqui, que já volto.

Saiu batendo a porta.

Correndo pelas ruas, já vendo acenderem as lanternas a óleo nas esquinas, Francisca, jovem cheia de corpo, rosto redondo e corado, cabelos claros, deixados livres na frente, sob o manto da cabeça, corria pelas ruas para chegar à casa do reverendo Thomas e conversar com Stunf.

Bateu à porta dos fundos da casa. Abriu-a Rosana.

– Francisca, o que fazes aqui?

– Senhora, preciso falar com Stunf. Onde ele se encontra?

Stunf vinha entrando na peça e, vendo Francisca, disse a Rosana:

– Senhora, por favor, deixa-me falar com essa moça a sós.

Vendo Rosana sair do local, Stunf indagou à cozinheira:

– Estás doida? Vindo atrás de mim durante a noite, e com essas vestimentas?

– Não me trates assim, tu sabes o que sinto por ti, Stunf. Vim perguntar para quem contaste o que te falei ontem.

– Ora, ora. Não falei nada para ninguém. Se algo aconteceu, foi por culpa de quem te contou.

– Não! Foste tu mesmo, seu... canalha! O homem foi chamado pelo Santo Ofício!

Stunf, que internamente não queria o mal do frei Mathias, pois era católico, arregalou os olhos e pensou, num relance, o que poderia fazer para reverter a situação, conversando consigo mesmo: "Sacerdote do mal aquele padre Miguel. Claro, é isso que ele quer. Quer colocar todos para serem mortos pelo Santo Ofício, mas agora o nosso frei, com o qual me aconselho seguidamente, estará perdido. No entanto, nada mais direi ao padre Miguel sobre o reverendo, ou mentirei sobre aquilo que ele quiser saber. Ele me enganou, não vai me dar nenhum valor; minha mãe está doente e não posso visitá-la por sua causa".

Suspirou profundamente e, para despedir Francisca, que antes o bajulava e agora estava em sua presença como louca, com seus olhos lançando chispas, terminou:

– Bem... nada posso fazer. Com licença, que o trabalho me chama.

Francisca bateu com os punhos no peito do rapaz, dizendo:

– Maldito sejas pelas mortes que estás causando, miserável! – e saiu soluçando pelo caminho, amedrontada, a enxugar as lágrimas.

O reverendo Thomas, ao ouvir os gritos, foi até a cozinha e viu Francisca correndo porta afora.

– Stunf, quem era aquela mulher? O que ela queria contigo, meu rapaz?

Suspirando fundo, respondeu-lhe:

– Ora, reverendo, era uma doida da rua pedindo dinheiro. Mas eu não podia lhe dar nada, porque não tenho nem para visitar minha mãe, que está doente.

– Tua mãe está doente e não a visitas pela falta de dinheiro? Por que não me disseste antes? Vem até meu gabinete.

Stunf viu que o reverendo não era uma má pessoa, como o sacerdote Miguel havia comentado, e fez a comparação entre um e outro. Seguiu seu senhor, que, chegando ao gabinete, deu-lhe mais do que o valor que necessitava para a viagem, ouvindo-o comentar:

– Stunf, tens sido um bom servo. Toma esse valor para a passagem e para te manter naquele lugar. Poderás ficar por uma semana. Tua mãe pode precisar de medicações. Compra-as. Nós sobreviveremos até voltares – falou rindo, batendo nas costas do rapaz.

Com esse ato, Thomas ganhou a confiança de seu auxiliar. Dali por diante, Stunf mudaria de posição. Ele estaria de olhos abertos para os escuros projetos do padre Miguel.

O reverendo complementou:

– Cuida de minha mãe, que está comigo hoje, vê se ela precisa de algo, porque vou jantar com frei Mathias. Ele é um dos irmãos de meu amigo de infância, sabias disso?

– Não, senhor, não sabia.

– Pois é. Eu e o irmão dele brincávamos nos riachos e corríamos pelas campinas distantes. Os velhos casarões milenares da Escócia nos assustavam.

Mathias, bem mais velho que nós, tinha em mente ser religioso, e eu ainda não tinha me dado conta, naqueles dias de infância, que esse seria também o meu caminho – sorriu com aquelas lembranças.

Stunf, lembrando-se do que Francisca lhe dissera, franziu o cenho e suspirou profundamente.

– Então – comentou ainda o reverendo, agora colocando o casaco e o cachecol –, ficaste surpreso com isso?

Stunf fez um sinal negativo com a cabeça e ficou em silêncio, ao que Thomas contestou:

– Mas vejo-te preocupado. Perdoa-me, meu filho, por não saber, há mais tempo, de tua mãezinha. Logo que amanhecer, deves partir e não perder mais tempo.

– Obrigado, senhor. Mandarei Rosana servir o jantar à vossa mãe, ficai tranquilo.

Capítulo 5

Thomas na casa de Mathias

"A Deus tudo é possível."
Jesus (Mateus 19:26)

FRANCISCA CHEGOU À COZINHA E, MUITO SÉRIA, empurrou Georg para o lado. Apanhou a grande colher das mãos dele e colocou as batatas no caldo.

– Então, sua bruxa, foste ver o bárbaro que fez o que fez?

– Não quero conversa contigo, Georg. Deixa-me!

– Quem se desiludiu fui eu, e sou eu quem te deixa agora. Nunca mais conto nada para ti – saiu batendo uma bota contra a outra, como se dissesse: "Assim será confirmado".

Mathias abriu a porta para Thomas com um sorriso singelo, mas triste.

– Que bom que vieste, meu amigo, senta-te aqui. Então, falaste com August? – indagou, desejando mudar a atenção daquele pesadelo pelo qual passava.

– Quando terás que te apresentar ao Santo Ofício, Mathias? – indagou o reverendo, não desejando mudar o assunto em pauta, mas logo relutando: – Ora, eu não deveria usar essa palavra tão rude, que fez sofrer tanta gente.

– Mas que nome, então, daremos a esse tipo de coisa, senão esse?

– Poderíamos chamar de "os enganados", para não usarmos aquela palavra e levarmos nossos irmãos a erros idênticos? – falou Thomas.

– Mas de que vale o termo usado, se o que significa é tanta dor? Precisamos confiar em Deus... E, voltando à tua pergunta, respondo dizendo-te que eles me pediram para que eu fosse amanhã pela manhã até lá, meu amigo.

– Bem... temos de pensar em algo. Tem de haver uma saída. Georg, penso eu, não poderá dizer a eles que mentiu. Não adiantará.

– Mas não foi Georg quem me delatou, como viste. Ele contou para outra pessoa. Talvez Francisca, pela qual está apaixonado. E, talvez, ela tenha contado a outra pessoa, sem imaginar o desastre que fariam comigo – concluiu Mathias.

– Sim, mas Georg desejará que ela se envolva nisso, prestando um depoimento, se a ama – sugeriu Thomas a Mathias.

– Bem, isso é verdade.

– É, Mathias, temos de encontrar uma solução... O que falaste, mesmo, a Georg?

– Ora, contei sobre os fatos que me aconteceram, os Espíritos que vi... e ...

– Hum... Isso não vai ser bom. Mas tive uma ideia – falou brincando. – E se disseres ao cardeal que viste Nossa Senhora, e não Espíritos, isso mudaria de figura... De herege para santo.

– Ih... não vou conseguir mentir desse jeito, meu amigo – falou, sacudindo os ombros e franzindo a testa. – Isso, sim, seria uma heresia. Não sei mentir, mas sei que brincas. – E, olhando-o secamente, completou: – Talvez, percas este teu amigo.

– É, eu sei... O que falei foi uma brincadeira,

Mathias. No entanto, estou preocupado contigo e pensando numa forma de te salvar disso tudo.

– Também pensei em relatar ao inquisidor que achei ser minha avó aquele ser cheio de luz... mas não, não. Não conseguiria faltar com a verdade sobre uma coisa desse tipo – suspirou profundamente.

– August não estava na paróquia, mas deixei um recado para ele vir me ver amanhã. Serei eu e ele somente, mas tua presença nos é muito importante, Mathias.

Thomas franziu o cenho, mas logo disse:

– Espera, quem sabe se mandares Georg até a casa dele agora, para convidá-lo a essa ceia? Ainda é cedo, e ele não deve ter jantado.

– Sim, pode ser – sinalizou com a cabeça, colocando na face um traço de esperança.

Mathias nada comentou e se ergueu com dificuldade, pelas dores que estava sentindo no corpo, causa de sua debilidade e ansiedade conjuntas. Chamou Georg, que partiu rapidamente com o coche em busca do frei August.

Vinte minutos depois, entrava o servo pela porta,

feliz por saber que estava fazendo algo bom, levando ali o sacerdote.

August adentrou no recinto onde se encontravam os homens. Cumprimentou-os, mas, olhando para o reverendo, depois de ver que ele o recebia com um sorriso, estampado na face jovial, voltou o olhar para Mathias, não entendendo aquela reunião. Sim, porque católicos e presbiterianos tinham certa adversidade, a não ser os verdadeiros cristãos que ali estavam, que não se molestavam por esse fato.

– Senta-te, meu amigo – pediu-lhe Mathias, puxando para mais perto a poltrona destinada a ele, formando um semicírculo –, deves estar estranhando a presença de meu estimado Thomas, amigo de tantos anos, que reencontrei aqui, tão distante da Escócia, onde o deixei há longo tempo.

– É um grande prazer, de minha parte, conhecê-lo pessoalmente, reverendo Thomas.

– Igualmente, frei. Nós abraçamos com fé a mesma causa, a causa do Mestre Jesus. Somos verdadeiros cristãos, procurando segui-Lo conforme aprendemos, e sei que pensas como nós. Também sabemos que estás descontente com o retorno daqueles que apelidamos de "os enganados", para não dizermos o "Santo Ofício", ou seja, as mentes de alguns que se voltam ao poder e à morte.

– Havíamos nos reunido também com Miguel – Mathias confiou-lhe. – Mas ele não está mais conosco. Contudo, fui advertido para estar em reunião com o inquisidor amanhã.

– O quê? Logo tu, meu amigo, mas o que aconteceu? – indagou August, aturdido.

– Ah, August, foi um descuido de minha parte em querer dividir com alguém o que me acontece de extraordinário; a mesma coisa que a ti também acontece, meu amigo. Alguns de nós vemos e ouvimos os que já morreram. Sei que vês santos falando contigo, enquanto que vejo pessoas a quem amei profundamente. Apenas essa diferença – comentou com humildade Mathias, movendo-se na poltrona como a querer ajeitar também seu interior, desorganizado momentaneamente.

– Agradeço esse convite de hoje, mas pelo jeito que as coisas andam, não sei se poderei fazer algo por ti, meu amigo – cabisbaixo, respondeu August.

– Pedi que viesses, porque penso que serei aprisionado. Na realidade, há alguém por trás de tudo isso, e essa pessoa quer nos ver mal. Miguel caiu fora temendo, penso eu, porque, nos primeiros dias, confirmava nossa atuação diante do papado. Acredito que, se eu "espremer" Georg, saberei quem me delatou, contudo, não quero machucar ninguém. Francisca, eu sei, não teria feito de propósito.

– Ele contou a ela? – indignado, perguntou frei August, enquanto Thomas só ouvia.

– Sim, certamente, mas não teria sido ela a procurar aqueles homens do clero; isso foi alguém de lá que acompanha nossos passos – ainda comentou Mathias.

– Penso que há um espião entre nós. E sabe como tantos do clero estão contra essa tua ordem franciscana jesuíta – comentou o reverendo.

– Certamente – arguiu frei Mathias –, contudo, o objetivo desta nossa reunião é retratar o "cabeça" ao papado. Penso que nosso Papa vai entender e compreender que os caminhos estão se desvirtuando. Não se pode colocar nesse tal "Santo Ofício" quem segue o Cristo e ama seu próximo. Então, seja lá o que vai acontecer comigo, tenhamos as mentes ligadas e os olhos bem abertos.

Erguendo-se, convidou-os:

– Agora, jantemos. Vamos nos alimentar com a gostosa sopa de batatas de Francisca e seu delicioso pão.

Todos os três se ergueram para sentar-se à mesa e, então, a conversa foi informal. Beberam um bom vinho do frei e riram de coisas banais. Mas, apesar disso, os três mantinham na testa uma ruga de preocupação que não esmaecia. A inquietação estava no ar, pelo clima em que estavam vivendo.

– Imaginemos o que Jesus faria num caso como esse – Thomas sugeriu-lhes que pensassem.

– Ele derrubou os vendilhões do Templo – comentou August. – O cristianismo não pode se desvirtuar pelo poder, pelo orgulho ou mesmo pela ambição.

– Mas nada poderemos fazer sem provas – desta vez, foi Mathias quem falou.

– Oremos a Jesus, meus irmãos, lembrando-nos do que aprendemos no Seu evangelho.

Thomas e August baixaram a cabeça, e Mathias orou em tom de amor e sentimento, enchendo os olhos de lágrimas:

"Jesus, pedimos a Vós que nos abençoeis. Que possamos ser intuídos para que esse mal termine. Falamos sobre aqueles irmãos e sobre o abuso do clero. Nós sentimos que eles se distanciam de Vós, porque abandonam, pouco a pouco, Vossos ensinamentos. Sabemos que não devemos julgar a não ser a nós mesmos, contudo, nuvens escuras parecem nos engolir e sabeis por que, portanto, pedimos-Vos que não nos esqueçais, visto que estamos aprisionados nesse andor de pesadelos aflitivos e diários.

Olhai, Mestre, para aqueles homens do clero que se envolvem em caminhos sem virtudes, maltratando mulheres, homens e crianças, que seguem aprisionados, perdendo seus bens sem nenhuma causa, somente pela argúcia alheia.

No entanto, não esqueçais de nós, estes irmãos que aqui estão e que desejam que o cristianismo continue puro como o que viestes nos demonstrar, quando aqui na Terra estivestes. Que possamos seguir Vossas palavras: "Amai-vos uns aos outros como eu vos amei", tendo, no coração, a alegria de Vossas bênçãos sobre nós. Amém."

Depois de debaterem sobre como resolver as

coisas negativas e não terem chegado a nenhuma conclusão, os amigos se despediram, desejando que Mathias pudesse dar-lhes boas notícias no dia seguinte, pois a reunião com o inquisidor deveria ser sem observadores e testemunhas.

Antes de dormir, Mathias foi até a janela e, mesmo com a vidraça fechada, ergueu os olhos para o céu, pedindo ao Pai que não o desamparasse, pois seu destino estava em Suas mãos. Ajoelhou-se no piso de seu dormitório e, apanhando o terço, orou a Maria Santíssima, mãe de todos os mortais, pedindo-Lhe a proteção necessária.

Tanto Thomas quanto August, ao partirem dali, voltaram cabisbaixos às suas moradias. E, preocupados, durante a noite fizeram exatamente a mesma coisa: pediram que o Pai misericordioso não desamparasse aquele verdadeiro cristão, que fora injustamente apontado pelo clero, e que fizesse com que o inquisidor visse a verdade somente.

"Senhor – pedia Thomas –, sabeis de nossas necessidades e do quanto precisamos sofrer por Vosso nome, conforme aconteceu com Paulo, o apóstolo, no entanto, Mathias está com certa idade e não aguentará muito tempo na prisão. O inquisidor sabe de nossa amizade, ainda da juventude, e teme que eu entre com meus argumentos para livrá-lo do pior, já que tenho necessidade de viver o cristianismo como Vós nos ensinastes. Portanto, peço-Vos que, dentro da lei do Pai, eu seja intuído e tome a decisão que Vós também tomaríeis."

Capítulo 6

Na frente de padre Isidoro

*"Pois o que aproveitaria ao homem ganhar
todo o mundo e perder sua alma?"*
Jesus (Marcos 8:36)

FREI MATHIAS, PESSOA HUMILDE, ERA INCANSÁVEL na caridade com as pessoas da redondeza, levando aos carentes mantimentos e remédios e abençoando doentes e inválidos como todo frei franciscano, mas, naquela manhã, não o pôde fazer. Febril pela injustiça recebida, caminhou até o local para falar com Isidoro, que fazia parte desse quarteto inquisidor, no qual também estava inserido o próprio cardeal.

Fizeram-no entrar em uma sala fria e grande, onde estavam sentadas pessoas de todos os tipos:

pobres, remediados e até indivíduos de certa importância. Uns choravam, outros os aconselhavam a ter fé e esperança. Apesar de a inquisição estar como que desaparecida, aquele lugar estava ficando cheio, e isso se devia a alguns padres que comungavam com os ideais do bispo Philip. Aqueles que conheciam Mathias, sabendo de todos os anos de seu sacerdócio, durante os quais ele se entregara a Jesus, abraçando por amor a tarefa que lhe fora confiada, ao verem-no ali, sentado naqueles bancos rústicos, jamais poderiam imaginar que estaria também naquela situação.

– Frei Mathias! – chamou-o Isidoro, que estava ali como inquisidor. – Vem! Estamos aguardando-te!

– Padre Isidoro, o que essas criaturas inocentes fizeram, que estão aí a chorar? – indagou-lhe o frei antes de sentar-se, despreocupando-se consigo mesmo, para fazê-lo a seu próximo.

– Ora, por que essa pergunta?

Mathias fez com a cabeça um movimento de negação, não aceitando tudo aquilo, e o inquisidor disse-lhe:

– O senhor está entre elas.

Mathias sentou-se e ficou olhando bem profundamente para os olhos do padre inquisidor:

– Oh, meu irmão, não tens um pouco de compaixão por essa gente? São pessoas com família. Ali, há mães que amamentam...

O inquisidor não quis dar atenção para o que estava ouvindo e indagou-lhe:

– Dize-me, és um bruxo?

– Mas que pergunta... Não sabes o senhor de meu trabalho com o povo e de todas as dores que procuro consolar, das mães aflitas com seus filhinhos doentes, das pobres mulheres sem lar e sem dinheiro... Mas respondendo-te, digo: Não sou um bruxo e..., mas onde se encontra o cardeal?

O inquisidor não o deixou mais falar.

– O quê? Consolar as mães? As mulheres sozinhas? Isso é heresia. Sei que és um bruxo, o próprio padre... – ia acusar o padre Miguel, mas pensou melhor – bem, isso não interessa. O senhor vê Espíritos e fala com eles, e isso é coisa do diabo. Portanto, em seu caso, para sermos rápidos, no momento é a prisão, que te favorecerá a fazeres as pazes com Deus.

– Não faças isso, meu irmão. Meus pupilos sentirão minha falta, e sou necessário a eles – Mathias consternou-se.

Como fazer para aquele inquisidor saber que ele era uma pessoa que servia a Deus com amor e caridade? Então, lembrou-se de que estava no horário em que daria aulas a algumas crianças que não podiam pagar.

– Padre Isidoro, tenho um compromisso agora, tenho crianças para auxiliar, rezo a missa em minha localidade, próxima daqui, portanto, não posso aceitar essa infâmia, essa mentira! Não sou herege, amo minha religião e vivo todos os dias o Evangelho de Jesus.

– Isso não quer dizer nada. Lobos se escondem em trajes de ovelha...

– Meu irmão, faço aquilo que Jesus nos ensinou.

– Mas a bíblia e a própria Igreja proíbem as pessoas de falarem com os mortos.

– Não falo com os mortos, só oro por eles.

– Não me interessa isso ou aquilo. Recebi um relatório de uma pessoa do próprio clero e preciso ir adiante. Dize-me, que Espíritos chamas?

– Não falo com Espíritos e muito menos os chamo. – Mathias achou aquelas indagações tão ridículas, que resolveu fazer algumas perguntas que lhe foram sugeridas na casa de Thomas, sobre Maria de Nazaré: – A inquisição também apanha quem vê Nossa Senhora?

– Injúria! Ora, a mãe de Jesus só os santos veem, e não é o seu caso, pois, se alguém daqui disser isso, o Santo ofício deve reparar esse erro imediatamente!

– E de que forma?

– Então, não sabes? Não te faças de ingênuo... fogo, morte. Isso é heresia! A Igreja tem de ser limpa e assim continuar. Fora os hereges e os que não aceitam Jesus!

– Mas, Isidoro, não vês que Jesus só nos veio ensinar a compreender o ser humano, a amá-lo e a perdoá-lo?

– Se não debandarmos com essa corja de hereges, o mundo vai se transformar em verdadeiro inferno...

– Mas quem vive para Jesus e quem faz a sua divina vontade, Isidoro, esse é um verdadeiro cristão... A inquisição já acabou há muito.

– Chega! Para um bruxo, estás falando demais. Guardas, prendei este homem! – ordenou aos guardas.

– Mas sou um sacerdote, meu amigo. Cumpro com todas as minhas obrigações e tenho o maior respeito ao Santo Padre Clemente, nosso Papa. Se eu escrever-lhe, ele me absolverá, pois me conhece e sabe como sou. Ele também é a favor dos freis jesuítas, que vós desejais abolir.

– Ora, ora, vem novamente aqui o assunto dos frades. Então, respondo: sim, e sabes por que muitos de nós desejamos isso? Os jesuítas franciscanos não gostam de cobrar as indulgências de que a Igreja necessita, e fazes parte deles!

– Mas... – Mathias ia dizer que os freis franciscanos seguiam o exemplo do próprio Mestre, mas achou melhor calar-se, pois isso pioraria sua posição. Isidoro lhe responderia que ninguém tem o direito de ser como Jesus. Pensando assim, somente disse:

– Como tal, mereço um julgamento... não vou ser julgado?

– Julgado? Ora, vejam só, ele quer ser julgado... Essa é muito boa!

Os guardas que chegaram entreolharam-se. Mathias era, em sua localidade, tido como um verdadeiro homem de bem, quase como um santo, por tudo o que fazia, inclusive pela família de um daqueles guardas. Esse guarda, chamado Antero, rígido na frente do inquisidor, perdeu o controle e indagou:

– Mas... padre Isidoro, se me permitirdes... Ireis prender esse abençoado homem?

– Por acaso, estás vendo alguma alma de outro mundo aqui, guarda? Sim, porque esse homem é um bruxo!

– Não, não sou um bruxo, soldado. Ele brinca.

Rustling apanhou Mathias de uma forma ríspida e cruel para levá-lo à prisão.

– Deixa que eu o leve, Rustling. Ele irá sozinho até lá, vê! – falou o soldado Antero, apanhando pelo braço Mathias, que sorriu para ele.

Mas Antero teve de colocá-lo, conforme lhe haviam ordenado, em uma pequena cela, quase sem luz, pedindo-lhe desculpas:

– Frei, sou muito grato pelo que fizestes a mim e à minha família, não sei como puderam colocar-vos neste lugar; ora, sois um homem tão bom e tão honesto.

Aproximou-se mais do padre e chegou ao seu ouvido:

– Procurarei fazer o possível por vós, vereis.

– Não te preocupes, meu filho. Deus sabe os

caminhos que preciso percorrer para que minha alma se depure. Deus sabe. O que sinto, profundamente, é não saber como estarão agora Georg e também Francisca, pois eles irão culpar-se pelo resto de suas vidas, se eu for morto.

— Falarei com eles. Sei onde o senhor mora. Trarei, em breve, notícias.

O soldado saiu de lá batendo a mão no ombro do frei e firmando:

— Voltarei, frei Mathias, e somente Deus poderá me fazer estacar.

— Por favor, meu filho, não te metas em preocupações indevidas. No mundo de hoje, o poder toma conta dos lares, no entanto, tudo pode terminar de uma hora para outra. O Santo Padre Clemente fará o melhor pelos irmãos sofredores.

No dia seguinte, Antero foi a casa onde se instalava Mathias e deixou o recado do frei a Francisca e a Georg, que ficaram desolados, terminando o amor que Francisca sentia por Stunf.

Saiu a moça choramingando pelos cantos, e Georg permaneceu cabisbaixo por muito tempo.

Dias depois, o soldado levava papéis à prisão,

para que o sacerdote escrevesse ao Papa. Mathias sorriu satisfeito. Aquela era uma oportunidade de Clemente saber o que estava acontecendo naquela localidade. Escreveu a missiva, enrolou-a e deu o canudo para o soldado mandar por ele.

– Antero, por favor, cuida disso. Tens certeza de que ninguém te viu entrar com isso?

– Sim, senhor, ninguém me viu passar com este rolo tão pequeno.

– Quem está agora tomando conta da igreja de nossa comunidade?

– O próprio sacerdote Miguel. Ele começou a cobrar altos custos de todos nós, e estamos muito tristes por nossa vida ter mudado tanto, para muito pior.

– Vamos orar, então, para que isso termine. E cuida bem dessa correspondência. Vai em paz e... com cuidado.

O sacerdote Miguel, ali na entrada dos cárceres, desconfiado do nervosismo do soldado Antero, quando o viu entrar, aguardou-o sair da cela em que se demorava e indagou-lhe, mistificando ternura:

– Soldado! Vejo-te extremamente nervoso. Esse frei foi teu benfeitor, se não me engano, não foi?

O soldado, que vinha sorridente, estacou preocupado; abriu muito os olhos, assustado, vendo que o sacerdote olhava, a todo momento, para suas mãos.

– Sim, ele é um grande benfeitor – respondeu Antero, apertando entre as mãos o documento destinado ao Papa Clemente.

– Mas também noto que ele deve ter dado alguma coisa a ti, a qual tu apertas com força para que eu não veja – comentou sarcástico, olhando-o com os olhos semicerrados.

– Isso não é o que o senhor pensa – tentava explicar-se o jovem soldado, estacado, gaguejando.

– Se não é o que "penso", então por que escondes de mim? Qual o motivo? – indagou-lhe, mostrando-lhe a mão direita, pedinte.

– Bem, preciso ir, senhor sacerdote.

Miguel, já descontrolado, ergueu a voz em tom de superioridade:

– Não! Não sem antes me entregar esse documento que aquele frei escreveu ao Santo Padre! Lembra-te de que, se eu assim desejar, posso também te prender. Então, o que acontecerá à tua linda e jovem esposa e aos teus dois filhinhos loiros? Também faço parte do Santo Ofício, meu caro. Não o temes?

Antero notou que o sacerdote havia desconfiado dele desde o dia em que Mathias fora aprisionado e, conseguintemente, havia vasculhado sua vida e sua família. Então, sem pestanejar, entregou a carta ao odioso homem, que sorriu com sarcasmo:

– Agora sim, bom e fiel soldado...

Miguel, com a carta de Mathias nas mãos, deu as costas a Antero e novamente adentrou no recinto, à procura do inquisidor, que estava reunido com os amigos do clero. Chegando junto a eles, Miguel comentou, olhando diretamente para o inquisidor:

– Vê, inquisidor, o que tenho aqui. Vou abrir e ler – falou, sorrindo como se tivesse recebido um premio, desenrolando o documento.

"Papa Clemente.

Sei, Santo Padre, que sois piedoso. Sou um frei humilde e, como vós, um jesuíta. Um frei que cuida de suas ovelhas como quem cuida de si próprio. Não desejo deixar meu trabalho; no entanto, acusam-me falsamente e colocam-me aprisionado entre tantos infelizes, que choram e se lastimam. Santo

Padre, desejo firmemente continuar a alimentar os corações e as vidas daqueles irmãozinhos da localidade em que trabalho, para abençoá-los e cuidar deles. Sem minha presença, sentem-se perdidos e poderão perder suas almas no vício e no crime. Peço, portanto, vossa compreensão, com a caridade de olhar para os responsáveis de nossa comunidade, que usam a inquisição como desculpa para atingirem seus objetivos. Não vos esqueçais de nós, os aflitos que precisam da vossa paz. Se vísseis "in loco", certificar-vos-íeis das barbaridades que aqui estão acontecendo. Como nosso sagrado Papa, necessitamos de vossa bênção, Santo Padre. Orai por nós.

Mathias de A."

– Agora dizei, meus amigos, o que fazer a esse inimigo frei, senão dar-lhe uma séria sentença? Ele nos acusa! Justamente a nós, que desejamos limpar a sujeira desta localidade! – vociferava o leitor da carta de Mathias aos que o ouviam abismados.

– Bem, Miguel, eu o mandaria queimar no inferno! Ele nos acusa e pede que o próprio Papa olhe o que acontece aqui! Morte a esse verme! – enraivecido, falou o bispo Philip, batendo o punho na mesa.

– Sim, meus amigos, mas temos de convir que toda a comunidade daquela igreja como que idolatra esse frei – comentou o cardeal Humbert. – E o grande problema será Thomas, que, apesar de presbiteriano, é seu grande amigo.

– Precisamos acabar com esses jesuítas! – afirmou o bispo Philip, no que o cardeal terminou de falar, sabendo que os amigos ali presentes confirmariam, como sempre, suas palavras, fazendo movimentos afirmativos com a cabeça.

– Seria mais tranquilo para nós se eles partissem daqui e essa ordem religiosa fosse exterminada. Não nos sentimos bem quando vêm até nós ou quando se dirigem a Clemente, dizendo que estão contra certos abusos "deste clero" que, como dizem eles, "usamos isso para alcançarmos nossos objetivos". No entanto, não será fácil alcançarmos as consciências alheias. Não será fácil terminarmos com essa ordem, mas já não podemos parar por aqui.

Fez uma pausa para respirar profundamente e prosseguiu, firmando e colocando para fora toda sua angústia:

– Sem arrumarmos valores mais altos, será difícil nos movimentarmos corretamente. Olhai nossas igrejas! Tanto precisamos fazer nelas, deixá-las mais belas, como vimos em outros lugares! Não podemos mostrar ao povo a pobreza deste clero. Sede sinceros, tenho ou não razão? Os freis dizem: "Jesus foi um homem simples, no entanto, deu-nos as maiores lições de amor. Jesus não gostava das vestimentas suntuosas dos sacerdotes do Templo". Naquela época, até pode ser, afinal, Jesus não tinha bens, mas vivemos em outra época, na qual não nos valorizariam se não estivéssemos rigorosa e ricamente adequados às belas vestimentas que precisamos usar – argumentou, decidido.

O cardeal baixou a cabeça e olhou-se. Então, alisou a capa vermelha, impecável, retirando um fiapo que nela caíra, e confirmou:

– Sei que há cardeais no Vaticano que já estão desejando terminar com os jesuítas, querem o mesmo que nós, mas creio que isso será conversa para muitos anos, portanto, esquecei. Unamo-nos, sim, para que aquele reverendo Thomas não se meta onde não é chamado. Não veem que a união faz a força?

– Realmente – tomou a palavra Isidoro –, desejo o mesmo que vós. Esses freis estão ficando arrogantes, mas, em questão a Mathias, teremos de ter mais precaução, pois não sabemos o que acontecerá com seu afastamento nem o que iremos inventar sobre as causas de sua ausência. Sei que os indivíduos daquela comunidade se enraivecem. Estão a ponto de uma revanche. Eles não gostam de ti, Miguel.

–Isso pouco me importa – reagiu Miguel ao comentário. – O que importa é que estamos agindo conforme nossos conceitos, que estão corretos. O próprio Papa saberá que estamos fazendo tudo de acordo com o que a Igreja pede – afirmou Miguel, confiante de estar certo, mas inconsciente dos males que estava causando.

– Sou mais persistente no que desejo – resumiu o cardeal. – Vamos trocá-lo de prisão dentro de alguns dias. Afastado, tomaremos outras iniciativas. Talvez, ele morra em decorrência de infecção pulmonar – comentou, sarcástico. – Aquela prisão é úmida e fria.

O bispo Philip sorriu com ironia, comentando:

– Vejo que já não és mais o mesmo Humbert, aquele homem simples do clero, desejando ser humilde, e que defendia os malandros da rua.

Todos riram olhando para o cardeal, que ficou remexendo-se na cadeira, algo desconfortável, e confirmou, absorto:

– Bem... hoje estamos em outra época e, além do mais, os malandros da rua não estipulavam meter--se conosco, como esses poltrões aí.

Todos riram. Miguel gargalhou entusiasmado pelas palavras de Humbert.

– Continuando, será essa a solução para Mathias – firmou o cardeal.

Depois da resolução do cardeal, que, invigilante, também havia dado as mãos ao próprio mal, Miguel arremessou o canudo ao fogo da grande lareira, onde também se cozinhava um panelão de sopa, fumegante.

O temor de Humbert e do bispo Philip, que retiravam os valores da população, mostrando seu poder ao povo e machucando muitas almas inocentes, era de que tudo viesse à tona por August, com o desaparecimento de Mathias, e fosse descoberto pelo reverendo Thomas. Isso porque souberam, por Miguel, que o servo do reverendo, Stunf, comentara que Thomas estava ciente das coisas que estavam acontecendo entre eles no clero e mostrava-se indignado, pois, sabendo-os cristãos, estavam agindo exatamente de maneira contrária à que haviam aprendido.

Todos estavam pensativos, quando o silêncio foi quebrado por Miguel, captando o pensamento dos amigos:

– Ora, esse reverendozinho jamais falaria com o Papa e, mesmo se o fizesse, o Santo Padre jamais lhe daria atenção, visto que é uma pessoa de outra religião, portanto, amigos, estejamos tranquilos.

Miguel servira como bom espião, mas iria ficar de olho vivo para que nenhuma carta de Mathias chegasse ao Papa Clemente. Se tudo viesse à tona, eles seriam depostos de seus cargos vantajosos, já que sempre deveriam entregar a Roma um terço do que recebiam.

– Bem, para terminarmos – quis concluir Miguel –, caras excelências Philip e Humbert, agora que já que apanhamos Mathias, faz-se necessário apanhar os outros que nos perturbam. Thomas não será fácil, mas, retirando August, que talvez se una a ele, dificilmente isso irá adiante.

– Aguardemos um pouco, para que não chamemos a atenção dos crentes. No momento, necessito tratar de assuntos que só dizem respeito a mim. Mas isso é comigo mesmo – comentou o bispo, sorrindo prazerosamente.

– Trata-se da família Polinski, por acaso? – o cardeal olhou-o maliciosamente.

– Ora, estou tentando convencer os pais de Isabel a colocá-la no convento de nossa paróquia – contou o bispo. – No entanto, seus servos têm sempre a mesma resposta nos lábios. Dizem que eles estão viajando.

– Isso não é verdade – comentou Miguel. – Vi ontem mesmo o pai da moça em sua charrete, próximo daqui.

O bispo coçou o cavanhaque e semicerrou os olhos, perspicazes. E, com o orgulho ferido, comentou disfarçadamente para que não pensassem que ele fora enganado:

– Tens razão, havia-me esquecido. Os servos me disseram que eles chegariam nesta semana. Preciso ir agora, boa noite.

Saiu porta afora, bufando de raiva, para visitar Mark, a pessoa que estava adulterando o nome polonês da família para um nome judeu. Mas, antes disso, teria um colóquio particular com a jovem que não lhe saía do pensamento.

E Mathias permaneceu mais dois dias naquela fria prisão, até que seus amigos conseguiram visitá-lo.

Voltando no tempo, quando Thomas saiu da casa de Mathias e, chegando a casa, pediu desculpas à noiva pelo tempo em que estivera ausente, indagando-lhe:

– Então, Elisa, como foi o jantar?

– Tudo correu bem como sempre. Mary e sua mãe são muito gentis.

– E a que horas chegarão teus pais?

– Creio que chegarão no trem das nove e trinta. A senhora Anne, sua mãe, já pediu a Rosana que deixe tudo pronto para recebê-los.

– Penso que, então, já está no horário de o trem chegar e de irmos apanhá-los na estação. Tua ama nos acompanha? – perguntou-lhe, olhando para o relógio da parede.

– Sim, ela já nos aguarda na entrada da residência – respondeu a jovem.

O casal saiu sorrindo por assuntos banais, dando-se as mãos ao entraram no coche que os levaria à estação de trem. Mas volta e meia Thomas franzia o cenho. Foi aí que Elisa lhe perguntou:

– Meu noivo, muita satisfação tive em vir até

aqui para estar contigo e sua adorável família, mas, sempre que olhava seus olhos, via neles essa expressão carregada. Ris por momentos, e retornas a franzir tua testa, mantendo o olhar distante, em sinal de grandes preocupações. O que está havendo?

– Elisa, minha noiva, peço-te perdão se não estiver me comportando de acordo como desejarias. Realmente, tua vinda ao meu lar, à minha cidade, encheu meu coração de contentamento. Notaste isso em mim pela afinidade a que nos referimos ontem ainda; somos parecidos, e tu és perceptível aos meus movimentos e apreensões. Mas... vê – apontou, mostrando o trem que chegava –, esse assunto ficará para mais tarde.

– Espero que não tarde muito, meu noivo, pois tenho a impressão de que, colocando "para fora" essa preocupação, talvez chegues à solução de tuas infinitas dúvidas e temores.

Thomas ergueu as sobrancelhas como a lhe perguntar de que forma ela adivinhara seus temores, mas colocou um enorme sorriso na face ao ver os pais da noiva saindo do trem e vindo em direção a eles.

– Bem-vindos, amigos!

– Que prazer rever-te, Thomas, meu filho – co-mentou o senhor Ernest, também reverendo. – Dize--me, então, como nossa filha se portou? Ela não quis nos esperar e pediu-nos para vir antes e, assim, não perder teu aniversário.

Thomas, com aquele olhar triste e preocupado, sorriu largamente e concluiu, olhando-a:

– Portou-se com toda a nobreza de sua alma bela.

Naquela noite, Thomas deu toda assistência aos futuros sogros, mas, na manhã seguinte, pediu à Elisa que fosse até a entrada com ele e falou-lhe, sus-surrando:

– Querida, peço-te perdão, mas preciso sair. To-marias conta de teus próprios pais? Pretendo não me demorar.

– Thomas, fica à vontade. Talvez, isso possa di-rimir tuas preocupações, e amanhã já estejas com o semblante mais tranquilo.

– Elisa, tu és a mulher perfeita para mim, pois compreendes os compromissos de um reverendo e me conheces profundamente.

– Não profundamente, mas sei ler, pela tua fisionomia, os teus receios, meu noivo. Vai descansado; estamos em cinco aqui, com meus pais. Mary conseguiu deixar as crianças com Gerta, e a senhora Anne conta-nos muitos casos de tua infância.

Thomas beijou-lhe a testa e saiu para encontrar-se com August. Ele e August, como estavam preocupadíssimos com frei Mathias, encontraram-se com Antero, que lhes contou o acontecido e os avisou do local onde haviam colocado o amigo frei.

Foram direto ao presídio, levando a Mathias remédios, um cobertor, roupas quentes e notícias das pessoas a quem ele auxiliava. August levava, enrolado ao cobertor, uma botelha de um bom vinho e a refeição preferida daquele servo de Deus. Seria a primeira visita que fariam a ele.

Antero conversou, na entrada, com os guardas que cuidavam da segurança do presídio, amigos da mesma comunidade, dizendo que dois religiosos iriam com ele para orar pelos desafortunados e levar um cobertor a Mathias.

– Meus amigos! Quanta alegria! – disse Mathias ao vê-los chegar.

O frei, com vestes sujas e cabelo em desalinho, chegou a assustar os visitantes.

– Mathias, trouxemos um cobertor e outra túnica, além de alguns petiscos.

O frei arregalou os olhos ao ver o que haviam trazido e sorriu.

– E como estás sentindo-te? – indagou-lhe Thomas.

– Quem está com Deus, meu amigo, sempre está bem. Só estou preocupado com as minhas ovelhas. Relembro os caminhos de São Paulo, aquele homem de Tarso, decidido e forte, e digo que isso que estou passando é pouca coisa, não é nada comparado ao que ele passou.

– Sei, sei... Mas estamos preocupados é contigo e procuraremos tirar-te daqui o mais rápido possível – August afirmou.

Deram-se as mãos e, pela primeira vez, viram Mathias deixar cair algumas lágrimas de alegria. O que sentia era deixar seus amigos e sua congregação para ficar isolado ali, em vez de servir a Deus e a Jesus. Não gritava, nem se lamentava como os outros, mas não podia dormir à noite pelo frio que sentia e por aquela sensação de haver perdido tudo: seu trabalho, seus amigos, suas ovelhas, como dizia, e também sua liberdade.

– Meu irmão, não fiques assim – lamentou-se Thomas.

– Antero já deve ter enviado minha carta ao Papa.

– Aquela carta foi retirada de Antero, meu amigo – continuou Thomas. – No entanto, poderás reescrevê-la com as mesmas palavras, e ela será entregue em mãos pelo nosso amigo August aqui.

– Farás isso por mim, August?

– Sim. Aqui está o que precisas para isso, e aqui podes escrever algumas linhas – falou, mostrando a folha levada para aquele fim.

Mathias sentou-se no piso e escreveu ao Papa o que havia dito na missiva anterior, finalizando que era inocente.

August enrolou-a em forma de canudo e colocou-a nas dobras de sua túnica, e ambos despediram-se de Mathias, que voltou a orar ao sentar-se:

"Pai – orava ele –, que fiz eu para merecer tanta alegria na amizade desses amigos e tamanho desprezo desses homens do clero? – chorou. – Meus fiéis esperam por mim, Pai, mas que Vossa vontade seja feita."

Seus amigos, saindo embuçados, passaram pelas salas, que estavam infestadas de prisioneiros que gritavam, choravam e amaldiçoavam os padres inquisidores. Decepcionados pelo que ouviam, oravam por eles, cabisbaixos. Assim, subiram a rampa que os levava ao pátio do cárcere, onde tantos injustiçados, homens judeus e mulheres jovens, como também idosas, lá aguardavam, sendo obrigados a aprenderem sobre o cristianismo, como se o próprio Jesus quisesse forçar alguém a isso. Jesus poderia ali ser odiado, mas jamais amado.

Elisa, ansiosa, aguardava seu noivo, já no horário em que todos costumavam almoçar. A senhora Anne, massageando as mãos, desculpou-se com os pais da futura nora e também com ela própria e pediu a Stunf, que voltara de viagem, para colocar o almoço na mesa.

Thomas havia retornado, mas se trancara no gabinete para discutir aqueles assuntos com August. Muito preocupado com a solução do caso de Mathias, ele analisou muito bem a situação, porém, sem ver o tempo passar. Assim, uma hora depois, dando-se conta do horário e muito preocupado pela falta cometida, saiu do gabinete com a rapidez de um cavalo voraz, pedindo desculpas pelo atraso, sob os olhos sérios de Elisa, que não se ergueram para vê-lo; todos já haviam feito a refeição.

– Perdoai-me, peço-vos. August e eu estávamos colocando em dia assuntos importantes.

Elisa chegou-se a ele e disse-lhe, apanhando sua mão:

– Não há necessidade de pedir desculpas. Sabemos de teus compromissos.

Thomas sorriu gratificado, comeu alguma coisa e subiu as escadas para preparar-se para o compromisso com sua igreja.

E, assim, os dias se passavam...

Enquanto os homens do clero tratavam do assunto Mathias, o bispo abandonava, por um pouco de tempo, a senhorita Isabel e a família Polinski.

Irineu, em Barcelona, recebeu a correspondência de Thomas e escreveu à noiva dizendo-lhe que, assim que terminasse os estudos, provavelmente em duas semanas, ele viajaria com seus pais e lá se casaria com ela.

A jovem recebeu a notícia muito satisfeita, pois desde que o reverendo a estivera visitando, ela não foi mais à missa e tampouco quis sair de casa sem a companhia dos genitores, até que, certo dia, a família Polinski novamente recebeu a presença do bispo, que insistiu que abrissem a porta, dizendo que levava em mãos um mimo para a família.

Philip não se dera por vencido e dizia a si mesmo: "Não me ouviram quando usei o poder, me ouvirão agora, ao oferecer-lhes o que tanto almejam".

Mas o que eles tanto desejavam, já que estavam satisfeitos com a vida que tinham ali?

Eles esperavam com ansiedade que um de seus parentes, Mirov Stanislaw, também da Polônia, fosse solto das prisões inquisidoras, já que fora apanhado logo na entrada da cidade, quando os homens do clero faziam uma manifestação, durante a qual todos deveriam adentrar em uma das casas de oração e fazer seu juramento de amor à Igreja católica, deitados no chão.

Mirov, em sua caleche, feliz por saber que veria

aqueles primos, que o esperavam, não quis fazer juramento naquele momento e ali mesmo foi apanhado. Os Polinski ficaram pasmos e tudo fizeram para retirá-lo de lá, dizendo que aquele, sim, era um bom religioso, mas de nada adiantou. Thomas e Mathias, estimando aquela família, também intercederam por ele, mas o bispo fora irredutível.

No entanto, agora, sabendo que Thomas não estaria por perto, preocupado que estava com a soltura de Mathias, Philip valer-se-ia daquela "carta nas mangas" para conseguir que Isabel ficasse mais próxima, internando-a no convento das Carmelitas. Estava apaixonado por aquela bela jovem, mas jamais pensaria em deixar a batina, sabendo ser esse o tesouro que tinha em mãos para adquirir tudo o que desejava.

Enquanto Philip insistia para que abrissem a porta, Frederick Polinski chegou com sua caleche, e o bispo aproximou-se, dizendo:

– Senhor Polinski, foi o reverendo Thomas quem pediu que, pessoalmente, trouxesse uma boa notícia a ti– expressou-se, próximo aos cavalos de Polinski, segurando-lhes as rédeas, sob o olhar indagador e carrancudo do pai de Isabel.

– Perdoa-me a insistência em falar-te. – E continuou: – É que trago aqui, neste rolo, a soltura de teu primo Mirov Stanislaw.

O senhor Frederick desceu da carruagem, angustiado, coração batendo forte, mas também compreendendo o interesse maior daquele chefe da Igreja, o antes antigo e simples padre de Bristol. Num gesto de atenção, pediu ao bispo que adentrasse na residência.

Philip, depois de subir as escadas, chegou ao grande *living*, olhando para todas as entradas para ver se conseguia ver a bela Isabel, mas somente encontrou a esposa de Polinski, que estava reclinada no divã e que, vendo-o, retirou-se sem o cumprimentar.

O senhor Frederick pediu ao bispo que se assentasse e fez o mesmo. Agora, frente a frente, Philip entregou-lhe o canudo para que abrisse e lesse. Confirmando ser mesmo o documento que livraria Mirov da prisão, Frederick não pôde deixar de dizer:

– Enfim, vossa excelência nos demonstra que fez o correto. Aquele homem é muito católico e do tipo que não sai da igreja.

– Sim, disso soube tarde demais e imploro que perdoes o inquisidor Isidoro, culpado de tantos erros.

Errou também quanto ao frei Mathias, por isso, logo estarei indo ao próprio Clemente para ver se conseguimos dar liberdade a ele, do local em que se encontra. Para esses casos, nos quais os próprios sacerdotes estão envolvidos, bem... não sabemos se é verdade, mas o Santo Padre é severo – exprimiu-se, como se estivesse isento de culpa.

Mesmo conhecendo o mistificador ali presente, Frederick ficou muito feliz ao receber, ainda que por intermédio dele, os documentos que davam liberdade a Mirov, das prisões inquisidoras. Ergueu-se da poltrona em frente do bispo e assegurou o documento, colocando-o no grande armário de livros, sob os olhos perquiridores daquele servidor da Igreja.

– Pedimos-vos, excelência, perdão por estarmos afastados, estávamos viajando – confiou-lhe, dissimulado, o pai de Isabel, sempre com seriedade, sentando-se novamente de frente para o odioso homem. E, com sorriso seco, prosseguiu:

– De nossa parte, e em agradecimento a isso, desejamos fazer uma doação para a Igreja.

O bispo mexeu-se na poltrona de veludo, quase arranhando, com suas unhas, os braços de madeira esculturados da mesma, procurando recompor-se. Então, suspirou profundamente e respondeu:

– Bem... se vim aqui por essa justa causa, não foi porque estava pensando em alguma doação, contudo, a senhorita Isabel, pelo seu próprio bem, preocupa-me. Como vês, não peço nada e, mais uma vez, desejo ajudar-te. Senhor Frederick, Isabel é bela demais para o mundo de hoje. Deve dedicar-se a Deus, para fugir do mal.

– Infelizmente, senhor, isso não posso conceber. Isabel é uma pessoa doente, não aguentará uma clausura; e também ela não tem temperamento para isso. Quer casar-se e ter filhos.

– Sim... doente... Mas irá melhorar e, quanto a filhos, ora, ela poderá dar aulas para as crianças da igreja, se as ama tanto. Serão como seus próprios filhos. E... algumas mulheres, senhor Frederick, não podem ter filhos, talvez ela nem os tenha quando se casar... há tantos casais assim...

– Excelência, mil perdões, mas isso já está decidido – ponderou o pai de Isabel, erguendo-se da cadeira para que o outro também o fizesse. – Nós muito vos agradecemos e esperamos que consigais a mesma liberdade para o frei Mathias, aquele benfeitor.

Num impulso, louco de ódio, o bispo ergueu-se da poltrona e, saindo sem se despedir, pensou: "Verás o que vos farei, senhor Polinski, se não foi pelo bem... será pelo pior. Jamais verás a tua filha novamente, eu juro".

Como se captasse o pensamento do bispo, Polinski relatou à sua esposa:

– Amanhã mesmo, irei retirar meu primo Mirov da prisão, antes que o bispo se arrependa. E prepara tudo, porque, ao voltar, seguiremos para o sítio, onde aguardaremos por Irineu, nosso futuro genro.

Assim, no dia seguinte, com a carta do bispo nas mãos, Frederick adentrou na prisão e retirou seu querido primo, com naturalidade e alegria no coração. Depois disso, partiram todos em duas caleches para o refúgio, longe do bispo e de suas manobras diabólicas.

– August, espero que já tenhas a ordem para viajar a Roma – havia lhe falado Thomas em dias anteriores.

– Sim, Thomas, essa ordem eu, por sorte, pedi há alguns meses. Vou ficar com minha mãe, já com bastante idade, que mora nas proximidades daquela cidade, até que Solange, minha irmã, retorne de viagem. Por isso, penso que eles não desconfiarão nada de mim.

– A não ser que algum encarcerado ou soldado dê com a língua nos dentes e...

– Nada temas, meu amigo. Minha viagem a Roma está marcada para amanhã mesmo. Aguarda a minha volta com a resposta do Santo Padre.

– Sim, isso é correto. Aguardaremos a resposta que o próprio Papa nos enviará.

August chegou com facilidade, depois de semanas, até o Vaticano, certo de que resolveria sobre a absolvição de Mathias. Apanhando nas mãos a missiva daquele frei, o Santo Padre, quase cego, diante do cardeal que sempre o acompanhava e lia a ele suas correspondências, pediu-lhe licença, ergueu-se da poltrona dourada, onde se sentava, e saiu com seu acompanhante, fazendo sinal a August para que ali aguardasse. Estando o Papa agora distante daquele salão, o cardeal voltou, despedindo-se e agradecendo-lhe a visita e a correspondência amável.

– Podes sair, obrigado – voltou-se a ele o cardeal. – O Santo Padre precisa descansar.

– Mas... o que digo a Mathias?

Não houve resposta. August caminhou para fora da residência papal acompanhado por soldados do Papa e achou que Clemente fora desaforado.

"Seria aquele Cardeal também contrário a nós franciscanos? Que notícia darei a Thomas?" – indagava a si mesmo. Viera de tão longe e levara em mão a correspondência de um amigo injustiçado, sem obter resposta. Desiludido, saiu desconfortado e procurou, distante de Roma, a casa simples de sua mãe. Naquele lugar, comprazia-se, acalmando seu coração com o materno amparo, enquanto sua irmã viajava com o filhinho. E August permaneceu dias lindos e saudáveis por lá, sem retirar do peito, no entanto, a incerteza do que seria a vida dali para a frente em sua cidade. Sentia-se como que empurrado a um muro sem saídas, portões não notados e de difícil passagem, por não levar em mãos a anotação papal, resposta ao amigo Mathias. Sentiu que partiria em extrema tensão e, por esse motivo, tentou fazer outra visita ao Papa, mas este não o recebeu.

No mês seguinte, de volta à Inglaterra e no local

onde se desenvolvia a trama, adentrou frei August, cabisbaixo, na residência de Thomas, que iria almoçar com a noiva e os pais dela em breve. Depois de cumprimentá-lo, August respirou profundamente, indagando ao reverendo:

– Como está o caso dos Polinski? Philip os deixou em paz?

Thomas confirmou que sim com a cabeça, respondendo:

– Apesar de todas as armações que o homem do clero fez para retirar Isabel de casa, ele nada conseguiu.

August repetiu a frase, dizendo-lhe:

– Lamento muito, mas também nada consegui ao falar com o Papa sobre Mathias.

E os amigos se abraçaram, consternados.

– O que faremos, então? – indagou-lhe Thomas, sem ouvir resposta. Sentia ele a adversidade dos padres e temia pela vida do amigo na prisão.

Lamentando-se, completou:

– Bem, por ora, pensemos no dia de hoje, do dia de amanhã Deus tomará conta. Mas como sentiste que está Clemente?

– Clemente já não parece o mesmo. O Santo Padre é um triste homem no Vaticano, quase cego, e isso é irrefutável!

– Sim, penalizo-me por ele; é um bom homem e, para alguém sensível como ele, ter o poder nas mãos não deve ser fácil. Ele "sacudiu" o Vaticano, colocando certa ordem, e, pelo que sei e dizem, até vendeu algumas de suas propriedades, cedendo-as à Igreja, como os primeiros cristãos o fizeram.

Isso faz com que eu me lembre dos colaboradores do Mestre, nos primeiros dias do cristianismo. Ele é um verdadeiro jesuíta, conforme sua formação. Oremos para que o caso de Mathias se resolva da melhor maneira, como aquele fiel servidor da Igreja merece.

Capítulo 7

Vinte dias depois

*"E perguntou-lhe: Qual é o teu nome? – Respondeu
ele: Legião é o meu nome, porque somos muitos."*

(Marcos 5:9)

MIGUEL E O BISPO PHILIP CHEGARAM AO PRESÍDIO, era um dia em que o inquisidor e o cardeal também lá estavam, para saber como iam as coisas e quais seriam as novidades.

– Pois não queirais saber o que soube neste instante, amigos! Aqueles hereges estiveram aqui com Antero, contou-me Rustling. Mathias recebeu, das mãos deles, um bom cobertor e roupas quentes, como se estivesse em um albergue. Além do mais, temo que tenha reescrito nova carta ao Papa Clemente.

– Não, isso não. Como ele saberia que aquela

correspondência foi destruída? Ninguém viu quando a queimamos. E não teria material para escrever outra – redarguiu Miguel.

– É, também pensava assim..., mas e quanto a Antero? Alguém me disse que ele é muito amigo do prisioneiro – comentou o inquisidor. – Não vistes como ele ficou quando viu Mathias ser aprisionado?

– Acha que Antero foi o traidor e contou sobre Mathias aos hereges, seus amigos? Algum dos guardas viu se eles traziam um rolo para escrita? – indagou Miguel.

– Nada disseram – respondeu Isidoro. – Somente comentaram que tudo estava normal e que vieram trazer roupas quentes e um cobertor ao velho.

– Bem... e, além do mais, Antero não me viu rasgando a carta – confirmou Miguel.

– Não viu, mas se o reverendo Thomas e o outro estavam com as mãos tão ocupadas, o guarda não poderia mesmo ter visto um pequeno rolo – afirmou Philip.

O cardeal Richard somente os ouvia, pensativo.

– Chama Antero e Rustling aqui! – ordenou o inquisidor ao soldado que os escutava.

Rustling chegou assustado, achando que iria ser demitido, e Antero veio sorrindo e cumprimentando a todos, como havia aprendido com frei Mathias.

– Antero, desejo saber tudo o que aconteceu por aqui na minha ausência.

– Bem, senhor, tudo ocorreu sem obtenções de notícias novas.

– Ora, mas, pelo que sei, Rustling viu que estiveram aqui aqueles amigos de Mathias, o frei bruxo.

– Bem... isso é verdade – e relatou o que eles já estavam cientes com Rustling.

– Mas não viste se frei August trazia algum canudo nas mãos?

– Nada vi, senhor, e para que serviria isso? Para o frei? Ora, esse já escreveu a correspondência desejada, como padre Miguel pode confirmar – concluiu Antero.

– Está bem, podem sair os dois. Estão despachados.

– Vistes, meus amigos? – comentou Isidoro. – Nada há para temermos. Está tudo sob controle.

– Eu, nesse caso, trocaria de cárcere o velhote. Com ele aqui, corremos perigo – reclamou o bispo.

– Se é isso que desejas, será o que faremos – decidiu o cardeal.

– Mas Antero também deve sair daqui e ser colocado em trabalhos mais pesados. Não confio nele – explanou Miguel

Depois daquela visita, os amigos de Mathias, que lutavam pelo verdadeiro cristianismo de amor e compreensão com os humildes, procuraram voltar à prisão, mas souberam, pelos guardas, que o frei não mais lá se encontrava.

– Queremos falar com Antero – pediu Thomas ao guarda.

– Antero, o soldado? – perguntou-lhe um dos guardas de plantão.

– Ele mesmo.

– Ele foi demitido, penso eu, pois não o vejo aqui há dias. Deve estar trabalhando em outro local.

Os dois amigos se afastaram, cochichando:

– Pensemos bem, August, para onde teriam levado o nosso amigo Mathias? – questionou Thomas.

– Precisamos encontrá-lo rapidamente, antes que seja tarde demais. Agora, estou preocupado.

Thomas fez a apresentação de Elisa aos amigos mais íntimos, nos festejos do noivado, realizado na paróquia onde ele evangelizava.

Dias depois, a noiva e os pais despediram-se de todos, e a data do casamento ficou para ser marcada mais tarde, com a visita de Thomas à casa dos futuros sogros, em Londres.

Quando todos partiram, o reverendo suspirou profundamente; sentia-se aliviado. Não que não amasse Elisa, ela seria a esposa ideal para ele, mas, como bom pastor, sua preocupação maior seria sempre a caridade, suas ovelhas e o auxílio a seu próximo, pois devia prestar atenção a Mathias, aos Polinski e a tantos outros importantes compromissos nesse campo. Então, ao abanar-lhes as mãos na estação de trem, sorriu por ter novamente a liberdade dirigida ao trabalho cristão, sem obter maiores preocupações por não o estar fazendo no próprio lar.

Bem... será que aquela união iria restringir-lhe a liberdade? Achava que não, pois Elisa era uma mulher adorável e compreensiva, no entanto, confessava a si mesmo que chegaria o dia em que ela diria um "basta".

No dia seguinte, Thomas recebeu a resposta da correspondência que enviara a Irineu, noivo de Isabel, em dias anteriores. Nela, Irineu dizia que chegará com seus pais nos primeiros dias do próximo mês, para o enlace matrimonial.

Isabel, reclusa no sítio havia dias, ficou felicíssima ao saber dessa notícia e pediu que sua mãe providenciasse seu enxoval. Naqueles tempos, os pais pensavam nisso quando a jovem ainda era praticamente uma criança, portanto, o enxoval já estava pronto, faltando somente o vestido da noiva. Nisso, sim, se deveria tomar urgente providência. Quanto aos convidados, além do frei, que os casaria, só a família do senhor Polinski e seu primo da Polônia assistiriam à cerimônia. Ninguém da sociedade seria convidado. Havia necessidade de que o matrimônio permanecesse sob absoluto sigilo. O bispo não precisava se cientificar do fato. Isabel também fez questão da presença da família de sua amiga Mary e do reverendo Thomas, ao qual devia aquela cerimônia.

Na residência da cidade, encontravam-se as rendas e o tecido do véu, que estavam comprados havia décadas; então, naquela tarde, lá foi novamente o senhor Polinski para apanhá-los e levá-los até o sítio, onde seria confeccionada aquela peça, pelas mãos de uma prestimosa costureira.

A obra inferior, estruturada inteligentemente, continuava, minuciosamente, a tecer pensamentos em cada um daqueles homens do clero, verificando suas inclinações e alimentando seus desejos inferiores mais íntimos. Assim, facilitava a obtenção do que desejavam, levando-os mais rápido para onde desejavam estar. Dessa forma, furtava, passo a passo, as qualidades morais daqueles homens que haviam feito, no sacerdócio, o voto de castidade e de renúncia. E os fazia desistir da promessa, arrastando aquelas, antes brancas ovelhas, aos seus apriscos noturnos, distanciando-as do seu bom Pastor e colocando-as nos seus mais obscuros e secretos vícios.

O bispo Philip, pobre homem, praticando rigorosamente o cristianismo nas igrejas, mas esquecendo-se de ser um cristão fora delas, estava, pouco a pouco, pertencendo àquela falange escura, decidido já de seus objetivos.

Sua vontade era matar os Polinski, mas não, sua

vingança seria pior do que a morte. Faria com que sofressem amargamente.

Naquela tarde, Philip procurou novamente a residência de Isabel para conversar com Frederick, contudo, foi avisado, mais uma vez, de que a família estava em viagem. Não desistiu. Parou a caleche em uma esquina, de onde podia visualizar quem entrava e quem saía de lá e aguardou. Em certo momento, reparou que o grande portão se abria e que a carruagem de Frederick apanhava a rua, dirigindo-se à saída da cidade. Completamente envolvido pelos pensamentos dos Espíritos inferiores, incentivado, angustiado, com o coração batendo forte por saber que agora descobriria onde se escondia Isabel, ele o seguiu. A paixão desatinava-o. Imantado àquela sintonia maléfica, o pobre homem recebia, em sua mente, a ideia de que aquele amor, grande demais, o faria morrer se fosse impossibilitado de colocar a filha dos Polinski em seus braços. Estava fora de limites e disposto a fazer qualquer coisa para conseguir seu intento. Não era amor sincero e fraternal o que sentia por ela, mas, sim, algo desesperador e difícil de vencer.

Ao descobrir o esconderijo da família, Philip voltou à residência em que vivia, seu mundo solitário, e passou a concatenar ideias e escolher um novo plano, um plano mais seguro, não só aquele que já tinha em mente, com a falsificação dos documentos da família do polonês. Trocando a última letra, seria fácil adulterar aquele sobrenome.

Sem se dar conta de que a mente é força poderosa quando ativada pelo pensamento, tanto ao bem quanto ao mal, o homem do clero, enciumado e perturbado emocionalmente, pensou em quebrar as barreiras que o separavam da mulher de suas ilusões, mesmo sabendo que ela o repudiava até com o olhar. E quanto às pessoas, cujo obstáculo era evidente, precisaria afastá-las.

O noivo da filha dos Polinski chegava com sua família. Thomas apanhou-os na estação de trem e foi com eles até a residência de verão, onde os Polinski se encontravam. Um lugar afastado, com grande vegetação.

Isabel, dezesseis anos, muito jovem e inocente, recebeu o noivo, que lhe foi apresentado, e só em colocar seus olhos nele, já sentiu que iria amá-lo para sempre. Conhecia sua índole pelas correspondências que trocavam, mas ao cientificar-se de suas maneiras, de seu comportamento diante dela, seu coraçãozinho vibrou com uma alegria pura. Parecia-lhe que, naquele sítio, suas almas se uniriam em elo de eterno amor, porque ali o mal não chegaria. Com a companhia do noivo em seu ambiente doméstico, Isabel, dia a dia, encantava-se mais, agradecendo aos pais por terem-no escolhido para que formassem um verdadeiro lar abençoado. E os dias passavam ternos e alegres...

Como um espião à espreita, o bispo, em sua caleche, escondido atrás de arvoredos, viu quando Thomas e mais três pessoas adentraram naquele local. Jamais imaginou que o noivo viria, mas percebeu que, se fosse ele mesmo, só poderia ter recebido cobertura do próprio reverendo, aquele inimigo de sua religião. Para ele, naquele momento, nada mais restava. Considerava que sua vida pararia ali, caso Isabel não fosse viver com ele. Colocaria tudo a perder, não pensando no amanhã. Desistiria de Deus, se possível, e que o cristianismo permanecesse somente com o Cristo, porque ele, agora, desejaria ser um pecador.

Voltou à cidade louco de ódio. O jovem com o casal e com Thomas era, sim, o noivo de Isabel, seu coração lhe dizia, e as pessoas de mais idade, com certeza, eram os pais dele. Achou que Irineu havia sido portador de grande coragem, depois da carta que lhe mandara. Só o reverendo Thomas, que não temia ultrajes e perseguições, teria tido a audácia de mandar o noivo vir aos braços da mulher que amava.

"Agora, todos ali, excluindo a bela Isabel, irão sentir a justiça que farei com minhas próprias mãos" – bufando de ódio, falava a si mesmo Philip.

Então, saiu para ir diretamente à casa de Mark, o rapaz alemão que, por precisar de dinheiro para voltar à sua terra, adulterava documentos. Para denunciá-los como hereges judeus, Philip precisava fazer isso nas certidões dos pais de Isabel, mas reparou que poderia acusar a própria jovem. Então, matutou muito e decidiu que mudaria os documentos dela e a raptaria, levando-a para longas distâncias. Entregaria os documentos adulterados dos pais da jovem, que Mark estava fazendo, ao próprio inquisidor.

Como Philip só tinha cabeça para seu novo plano, enredado que estava nas tramas do próprio mal, esquecia-se de frei Mathias e de sua vingança a ele e, assim, favorecia Thomas e August para agirem em favor do frei amigo. O pobre bispo cultivava, sem pensar, o bem de que aqueles amigos necessitavam.

O cardeal Humbert, desconfiando de que nova

carta de Mathias tivesse sido enviada a Clemente por Thomas, fez questão de afastar-se dos outros padres inquisidores por um tempo. Assim, se a cúria romana descobrisse certas coisas sobre eles, ele teria como se sair ileso.

Clemente, em Roma, certa vez ouviu o cardeal, seu auxiliar, a sussurrar com alguém sobre aquela carta de August, enquanto descansava na cadeira. Dali em diante, notou que estava cercado por pessoas inconfiáveis e resolveu fazer certa varredura naquele pessoal e na documentação do Vaticano, iniciando com muitas mudanças e vindo a saber dos abusos aos cofres. Quanto a August e aos freis franciscanos, sabia-os fiéis a Jesus e seguidores do cristianismo primitivo, como ele próprio. Resolveu, então, escrever ao bispo Philip, pedindo-lhe que visse de perto o que estava acontecendo com frei Mathias e do que aquele povo estava necessitado.

A Vossa Excelência reverendíssima Bispo Philip de Bristol

Eu, Papa Clemente, fiel ao Senhor, lamentando

os acontecimentos desse local, com a prisão do frei jesuíta franciscano Mathias, e conhecendo-vos como servidor fiel à Igreja, venho pedir-vos que vejais mais de perto a situação daquele servo de Deus, visto que não posso, em própria presença, assumir o resultado dessa audiência.

Deveis agir com a sinceridade que sempre tivestes e, se nada for contra a índole daquele servo de Deus, soltai-o!

Tenho fé na ordem que vos foi confiada, aguardando resposta com urgência.

Clemente

Philip, naquela situação, com o pensamento fixo no mal, soltou vibrante gargalhada, elevando a cabeça ao ler a correspondência ditada pelo bondoso Papa, mas escrita pela mão do fiel e humilde padre que começara a prestar-lhe auxílio.

Só, com seus pensamentos, dizia a si mesmo o bispo: "Não, vossa Reverendíssima, o cordeiro já está entregue ao próprio verdugo, para imolar-se".

Dito isso, amassou a carta e colocou-a no fogo, deixando passar uns dias para começar a resposta:

"Precisamos manter a ordem da Igreja – respondeu ao Papa o homem de Bristol, seguindo antes o protocolo papal. – A Igreja sofre os abusos desses freis que nada mais fazem do que criar a discórdia entre a população ignorante, e isso acaba instigando o povo contra nós, os padres. A revolta do povo trava todas as barreiras do que é verossímil, afastando-o da nossa Igreja. Viver em compromisso de humildade não é mais a questão desses freis. Pouco a pouco, eles tomam conta dos espaços que seriam nossos, tornando-nos antipáticos diante de todos, como se fôssemos portadores de doença maligna. – E continuou a missiva: – Todavia, Vossa Santidade, farei o possível para excluir Mathias desse emaranhado de intrigas, mas não sei se obterei vitória, visto que nosso próprio cardeal Humbert, entre outros nomes, estão de acordo com os cardeais do Vaticano sobre certos frades jesuítas."

Clemente leu a missiva, preocupado com a possível movimentação de cardeais aos franciscanos, a ordem a qual pertencia, mas sentindo que naquele momento, pelo menos, estava fazendo algo de bom a Mathias. Assim, livrava-se do peso de sua consciência, sem saber que estava lavando as mãos como Pilatos.

Ser Papa sempre será um grande e pesado fardo. Estão sob sua responsabilidade todas as ordens, todo o clero e todo aquele conjunto de dissabores a assumir.

Philip nada fez em relação a Mathias. Matutava ele:

– Mathias está bem escondido de todos, nem precisaremos eliminá-lo, pois, com o tempo, o frio, a falta de alimento e o duro colchão de desgastadas palhas permitirão que sua morte seja natural.

Capítulo 8

A fuga do frei Mathias

"Por isso, enquanto tivermos oportunidade, façamos o bem a todos, mas principalmente aos da família da fé."

Paulo (Gálatas 6:10)

MATHIAS, O HUMILDE FREI FRANCISCANO, NOTOU que, mesmo estando naquela prisão, podia contar com amigos. Apesar de orar muito, sabia que seria muito difícil sair de lá e entregava a Deus, em testemunho de amor, a sua vida.

Thomas aguardava ansioso alguma correspondência do Papa a respeito de seu amigo Mathias, mas, com o decorrer do tempo, notou que isso não ocorreria.

– Meu irmão – Mary perguntou a Thomas um dia depois do sermão na igreja –, tens notícias do nosso querido frei?

– Mary, estou feliz em te ver aqui no nosso templo com teus filhos, meus sobrinhos. Que bom que os trazes aqui. Respondendo tua pergunta, bem, estivemos tão envolvidos com a questão dos Polinski, que não mais procuramos por Mathias; havíamos levado a ele, na prisão anterior, roupas quentes e alimentos de que gosta, mas, agora, onde ele foi colocado, aguardamos a solução do próprio Papa, que, segundo August nos disse em seu retorno, talvez venha.

– Mas como está a escola franciscana, e quem está pagando as despesas dela, já que o "clero" o acusou como herege?

– Pois é, minha irmã, não sei nada mais do que isso... Não sei se conseguiremos libertar Mathias. Dependemos do Papa Clemente somente, mas contamos com a bondade divina.

– Perdoa-me se te deixo triste com o que vou dizer, mas, se o Papa não libertá-lo, a "bondade divina" não poderá fazer milagres, e menos ainda se tu e teus amigos, meu irmão, cruzardes os braços.

Thomas olhou-a franzindo o cenho, como a perguntar-lhe: "Como?"

Ela lhe respondeu:

– Olha, querido irmão, eu, se fosse tu, ajudaria Mathias a fugir.

– Mas é quase impossível fugir de lá!

– Não quando se tem tantos amigos. Boa tarde, Thomas, tenho de ir.

Mary saiu, deixando Thomas pensativo. Enquanto procurava firmar a si mesmo o compromisso de auxiliar o frei, pelo qual tinha uma amizade sincera, chegara ali uma solução simples, comum, mas muito perigosa, por intermédio de sua amável e meiga irmã. Seria incorreto salvar da morte um cristão bom, amigo e inocente só por ele ter visto Espíritos?

Não, não considerava incorreto, e procuraria pensar naquela alternativa, caso o Papa nada solucionasse, todavia, precisaria manter a mente elevada a Deus e ter muita fé, para certificar-se da vitória final.

"Sim – disse a si mesmo depois de algumas semanas sem obter resposta de Clemente –, amanhã mesmo, teremos um plano preparado para a fuga de Mathias. Ele irá realizar o casamento de Isabel. Os noivos precisam casar-se o mais cedo possível."

A obsessão de Philip por Isabel acabou beneficiando Mathias num ponto, pois o bispo, ao saber que a jovem se encontrava como que aprisionada naquela casa de campo, não mais pensou naquele frei e em seu destino. Dera a Thomas e a seus amigos a oportunidade desejada para firmarem aquele plano.

Assim, no dia seguinte, Thomas, desejando alcançar esse objetivo, chamou August para uma reunião, quando decidiriam concretizar aquele pensamento, com a finalidade de salvar Mathias da crueldade dos padres envolvidos pelo mal.

– Thomas, tenho meus receios... raptá-lo não poderíamos e, sinceramente, não vejo saída. Sabes que, se ele estiver naquela prisão, não conseguiremos tirá-lo de lá.

– E é lógico o que pensas. Na ausência de um documento da Igreja, ele jamais sairá. A não ser... – Thomas olhou para o amigo, que ergueu as sobrancelhas, admirado. – Sim, é isso mesmo que estás a pensar – Thomas concluiu.

– Eu...? Queres que eu faça um documento com o timbre da Igreja, assinado por mim?

– Sim – confirmou o reverendo.

– Mas, além de não ser correto, seria muito difícil! Estarei indo contra tudo aquilo que aprendi e pratico! – alertado, defendeu-se August, coçando o queixo.

– Também isso ocorre comigo, meu amigo; no entanto, nós, tanto tu quanto eu, colocamos o amor ao nosso semelhante, que Jesus nos ensinou, como condição primordial em todos os nossos atos. Aqueles agem de forma criminosa, nós procuramos salvar, conforme aprendemos, e digo: entre praticar esse delito ou deixar morrer um homem inocente, eu...

August não deixou Thomas concluir e confirmou:

– Sim, conseguirei esse documento. E que Deus me perdoe por mais esse pecado. Jamais pensei que faria uma barbaridade dessas um dia.

Foi feita a ordem de soltura de Mathias, assinada com um nome ilegível e carimbada com selo da Igreja, conseguido por August.

– Deus é amor, jamais vingança, e se tanto queremos bem àquele servo de Deus, o Pai nos protegerá. Tudo correrá conforme os Seus desígnios, não temas.

– Bem... se é assim, agora retorno à cúria. Amanhã mesmo, concluiremos, se Deus quiser, o salvamento do querido frei. Falsifiquei uma assinatura, jamais imaginei que faria uma coisa dessas.

Ambos se abraçaram sorrindo.

Thomas encontrou-se com August, e os dois partiram para procurar o soldado Antero na prisão anterior, sem encontrá-lo. Estavam com o documento da cúria em mãos e, quando souberam que ele já não trabalhava lá, lembraram-se de ir até a vila durante a noite, onde Mathias fora sacerdote. Lá procuraram pelo soldado amigo.

Ao ser encontrado na taberna à tardinha, Antero relatou, depois dos cumprimentos:

– Bem... – disse, coçando o queixo – como souberam, não trato mais dos aprisionados, muitos deles eram daqui desta vila, e isso me penalizava. O que sei é que nosso frei saiu de lá e foi colocado naquela prisão do vilarejo próximo. Precisamos libertá-lo para que ele possa cuidar desse pobre povo. Não aguentamos mais os impostos que o padre Miguel nos obriga a pagar.

Thomas, com sua inteligência aprimorada, indagou-lhe:

– Dize-me, Antero, conhecem-te os guardas daquele cativeiro, onde pensas que nosso querido frei se encontra?

Antero franziu o cenho e, olhando-os interessado, respondeu-lhe:

– Bem... penso que eles não me conhecem.

– E há alguns soldados daqui que pensam como tu, e desejam a volta de Mathias? – continuou a perguntar Thomas, sob o olhar interessado de frei August.

– Sim, há alguns soldados aqui, meus amigos, que pensam igualmente.

Thomas, deixando August, aproximou-se um pouco mais do soldado, colocando a mão direita sobre seu ombro:

– Tudo está praticamente resolvido, Antero. Sabes, mais do que eu, da saúde frágil daquele benfeitor. August conseguiu uma ordem para a soltura de Mathias, que deve estar precisando de medicamentos, e tu e teus amigos irão até aquela prisão. Mas é necessário que teus amigos não precisem saber de detalhes. Entregarás, em mãos, a carta aos guardas daquele local, retirando o frei de lá, e tu, sozinho, o encaminharás até as proximidades de minha casa, onde estarei aguardando.

Antero e Thomas entreolharam-se, quando o reverendo dignificou-se a dizer-lhes:

– Eu me responsabilizarei por Mathias quando o soltarmos e também com o que vier a acontecer com ele depois disso. Então, aguarda nosso aviso – ressaltou. – Antero, sigilo até de teus vizinhos!

– Está bem, reverendo, nós vos agradecemos.

No caminho de volta, Thomas falava com August:

– Mathias será trazido por eles, em caleche, até minha casa, quando será levado ao sítio de Polinski por mim; assim, o frei poderá fazer o casamento de Isabel.

Penso que lá o padre Isidoro jamais irá encontrá-lo. Sei que Polinski, querendo bem a Mathias, não nos negará esse pedido. – Thomas suspirou profundamente e continuou: – Confiemos em Deus. Estaremos fazendo a coisa certa? Podeis perguntar-me, e já vos respondo: estamos do lado de Jesus, estamos dentro das leis de amor, esperançosos na vitória da luta do bem contra o mal e, com certeza, alcançaremos nosso alvo com gratidão a Deus.

E assim, no dia seguinte, saía a caravana dos três soldados, desconhecidos naquele local, para a prisão revelada pelo próprio Antero, sendo que o reverendo Thomas ficara à espreita na caleche, próximo à sua residência.

Com o documento da Igreja nas mãos e o selo de August, e se tivessem sorte, conseguiriam o que desejavam.

Sem saber se o frei estaria lá mesmo, o reverendo mantinha-se preocupado e ansioso, até o momento em que o viu surgir com os três cavaleiros. Mathias saiu com o cobertor no braço e atravessou o arvoredo, próximo à casa de Thomas, onde se encontrava o coche com o reverendo, que, sorrindo, abraçou-o e disse:

– Bem-vindo à vida real, frei amigo!

– Ora, ora, Thomas, meu amigo, que satisfação me dás em te rever, e com toda essa alegria em tua face. Sempre procurando auxiliar teu próximo, não é? Só não entendo quem me mandou soltar e o que foi que mudou a percepção daqueles padres...

– Mathias, isso deixemos para depois – pediu

ao amigo, continuando: – Um coche te levará para o sítio de Polinski, local onde te aguardam para fazer o casamento de Isabel. Ficarás no cativeiro por pouco tempo, prometo-te. Do sítio, poderás escrever a amigos de Paris, onde te abrigarás por um tempo.

– Muito agradeço – falou, emocionado, o amigo frei.

– Amigos são para isso, Mathias, afinal, somos ou não irmãos uns dos outros? Mas, como disse, terás que fazer o casamento de Isabel e Irineu antes de viajar.

– Com muita alegria. Vamos até lá.

Mathias sorriu feliz e desceram ao sítio distante de Polinski. O pobre homem, desnutrido, cansado e malcheiroso, quase não conseguia ficar em pé, mas, ao sentar-se no coche, nutriu-se do que Thomas havia lhe preparado: pão, vinho e alguns doces.

– Obrigado, meu amigo.

Assim, depois de algumas horas, Thomas e Mathias adentravam na residência de verão do pai de Isabel, sendo recebidos pelo próprio dono da casa. O reverendo agradeceu, em voz alta, essa vitória ao Mestre Jesus.

Houve uma grande festa no coração daqueles que amavam aquele servo do Pai celestial. Todos em sua volta desejavam saber dele. Envelhecido e bem mais magro, Mathias orientava a todos com as palavras de Jesus, dizendo-lhes que a dor é fabulosa benção e que ele precisava daqueles dias de reclusão para pensar em como ser melhor. Matutara também sobre acompanhar mais de perto os doentes, os chorosos, os que estavam na miséria... e terminou agradecendo-os com estas palavras:

– ... E enviei meu amor a toda comunidade, agradecendo a Jesus, como agradeço a vós, o apreço pela minha humilde pessoa, mostrando-me o valor da liberdade. Contudo, orei, principalmente, àqueles que ainda não compreendem a evolução como o verdadeiro sentido da vida na Terra, a todos os que não firmam no coração o amor ao próximo e a outros que não consentem às pessoas a liberdade de escolha das religiões, querendo impor-lhes a sua igreja, como no caso dos pobres e perseguidos judeus.

Alguns nem notam que não seguem os mandamentos puros do Cristo, como Ele nos pediu. Todos sabem que nós, freis, somos simples e que nossos trajes assim também o são, sabem também de nosso trabalho, que é gratificante, e de nosso ensinamento, que é puro. O fato de andarmos simplesmente como Jesus andava não afeta a população, que, na realidade, não suporta aparato, e o próprio Mestre Jesus nos ensinou que o importante é "amarmos uns aos outros", pois o amor cobre uma multidão de pecados. – E firmou:

– Mas os meus pecados... ai, ai, ai, ainda não consegui pagar o quanto estou devendo.

Dias depois, mesmo com toda a tensão, por temerem a vingança do bispo, a união dos jovens foi realizada sob as bênçãos de Deus.

Os dias se passaram, e o bispo estava preocupado em completar seu plano com Isabel.

Sobre as influências dos inimigos do bem, lembramo-nos desta pergunta de O Livro dos Espíritos:

Pergunta 469

– Por que meios se pode neutralizar a influência dos maus Espíritos?

"Fazendo o bem e colocando toda a vossa confiança em Deus, repelis a influência dos Espíritos inferiores

e destruís o império que eles querem tomar sobre vós. Evitai escutar as sugestões dos Espíritos que suscitam em vós os maus pensamentos, sopram a discórdia entre vós e vos excitam todas as más paixões. Desconfiai, sobretudo, daqueles que exaltam vosso orgulho, porque vos tomam por vossa fraqueza. Eis porque Jesus nos faz dizer na oração dominical: "Senhor! não nos deixeis sucumbir à tentação, mas livrai-nos do mal".

Tão envolvido o pobre bispo estava que, mesmo sentindo dentro de si uma admoestação à sua atitude, jamais prestaria atenção aos bons pensamentos que lhe eram sugeridos pelos amigos espirituais, fechando os ouvidos à razão e, principalmente, aos ensinamentos evangélicos de Jesus: "Amai ao próximo como a si mesmo". E isso afastava seu protetor.

Na semana seguinte, ele procurou Mark, o falsificador, para apanhar os novos documentos dos Polinski, que estavam prontos. Havia chegado a hora de Philip cumprir com o que planejara.

Depois dos festejos da união abençoada de Isabel e Irineu, Thomas embarcou com Mathias para a

França. Quando retornou, dez dias depois, foi até o sítio para saber como estavam todos.

Os felizes nubentes, saindo pelo campo a cavalo e visualizando a natureza abastada, resolveram apear para ver as borboletas pousando nas flores e correr atrás das lebres do campo. Estavam felizes, uma felicidade de almas afins que se reencontravam e que aproveitavam a beleza da primavera, que Deus sempre presenteia aos que têm olhos de ver. Cada dia se conheciam melhor, até cientificarem-se de que formavam laços eternos de fraternidade e de amor.

Naquela tarde, estavam sendo observados a distância e já haviam resolvido voltar a casa quando Isabel quis apanhar uma flor e Irineu subiu no cavalo, esperando-a. Ouviu-se o barulho de um tiro, vindo dos arbustos da floresta, e Irineu caiu ao solo, desmaiando ao bater a cabeça em uma pedra. Distante, mas não tanto, Philip começou a gargalhar como se estivesse possesso, e isso fez com que, temerosa, Isabel saísse correndo em busca de ajuda. Mas, antes de ela chegar à sua casa, havia um pequeno riacho raso de pedras que a forçou a diminuir o passo, e foi aí que o bispo a apanhou.

– Finalmente! – exclamou Philip, vendo-a esbugalhar os olhos em extremo temor.

Para que ela não gritasse, sufocou-a com um lenço preparado com entorpecente, e ela caiu desacordada em seus braços. Atendendo aos sussurros insensíveis dos inimigos do bem, ele agora tinha a presa em suas mãos. Aquela obsessão pela mulher desejada chegaria ao seu final. Não mais sofreria, não mais ficaria sem dormir à noite, porque o objeto de seu desejo estaria sempre ali com ele, em seus braços. Fugiria, sim, era preciso fugir. O mundo europeu era imenso e jamais alguém iria encontrá-los. Deixaria seus votos da Igreja, faria qualquer coisa e até mataria por Isabel, assim como fizera atirando contra seu noivo, mesmo não sabendo se, realmente, ele havia morrido.

Ergueu-a do solo e começou a carregá-la para fora das cercas, olhando para o noivo da jovem estendido ao chão. Finalmente, pensava ele, havia retirado o primeiro obstáculo de seu caminho.

A residência do sítio dos Polinski era mais distante, mas alguém ouviu o tiro. Philip subiu o morro, atravessou a cerca, enquanto, olhando para baixo, avistou pessoas correndo para atender Irineu, inclusive o reverendo Thomas, mas, de onde estavam, não puderam ver o atirador.

Ofegante, já com idade madura, Philip colocou

a jovem na caleche, deitando-a desacordada, suavemente; e partiu dali para sua residência, para apanhar os documentos que mandara forjar e sua bagagem e logo fugir do país.

Thomas, com Frederick e a mãe de Isabel ao lado, correu para erguer Irineu, que, desesperado, olhava para todos os lados para ver se encontrava sua esposa. A jovem havia sumido.

– O que houve, Irineu? – Thomas perguntou-lhe. – Quem atirou, e onde está Isabel?

Erguendo a cabeça do solo e olhando a distância, na direção de onde ouvira sair o tiro, e com notada angústia, Irineu, com a mão na cabeça, que sangrava, comentou, erguendo-se:

– Isabel? Mas onde se meteu? Ela estava comigo!

– O que realmente aconteceu, meu filho? – indagou Frederick, ofegante e assustado. – Isabel não voltou para casa. Onde ela está?

– O monstro deve tê-la raptado.

– O Monstro? Quem? Philip, o bispo? Não pode ser, ele não sabia deste refúgio! – argumentou o pai de Isabel, mas ponderou: – Bem, talvez ele tenha me seguido quando fui buscar o vestido de noiva. Oh, minha filhinha estava tão feliz... Vamos atrás dele!

– Ele desejava matar-me, mas não acertou o tiro. Eu caí e cá estou... – comentou Irineu, limpando as gramas que permaneciam nas calças.

– Não sei como ele nos encontrou, Irineu... afinal, fizemos muito para que não descobrisse este esconderijo. Assim planejamos e assim pensamos que daria certo. Ajuda-nos, reverendo. Sabemos do que aquele monstro é capaz! – pediu-lhe Frederick, à frente da angustiada mãe de Isabel, que só chorava.

– Reverendo, ouve-me: a estrela de minha vida requer cuidados. Pois posso garantir-te que Isabel se encontra com ele. Não há tempo a perder – o esposo angustiado alegou.

– Sim, deve ter sido ele, quem teria esse interesse senão aquele pobre Espírito descontrolado? Voltemos à cidade – posicionou-se o reverendo.

Frederick e sua esposa abraçavam-se, como se aquele abraço pudesse afagar seus corações pela ausência da filha querida. A senhora Edith desmaiou. Frederick apanhou-a, orando a Deus ao olhar para o céu: "Senhor, ajudai-nos!".

– Segui em frente, senhores, avisarei o ocorrido aos serviçais e aos pais de Irineu, que estavam descansando e nada sabem do que houve – pediu-lhes Thomas.

Thomas recolheu os pais chorosos e, pensando em Isabel, orou com eles aquela noite.

Enquanto a jovem estava desacordada na carruagem, Philip tudo fez para que seu rosto, através das cortinas fechadas, não fosse visto da rua. Ele, como cocheiro, procurava chegar à cidade rapidamente, a fim de concluir seu plano; e para que ninguém notasse que estava com ele a bela jovem, tocou o coche o mais rápido possível até os fundos do pátio de sua residência.

O auxiliar Sebastian, que o aguardava, estranhou a atitude do senhor da Igreja, mas nada comentou, pois sabia que um saco de moedas seguraria sua língua.

O pensamento do bispo fermentava, pensando que agora, sim, poderia concluir seu plano. Com o noivo morto, nada mais temeria, pois, no dia seguinte, com os valores roubados da igreja, iria ser livre para viver conforme bem desejasse ao lado daquela que lhe era o próprio suspirar. Não mais devolveria a jovem e tampouco permaneceria naquele odioso lugar, visto que era inteligente, capaz de iludir quem quer que fosse e, como bispo, todos nele creriam. Miguel e Humbert desconfiariam, mas não teriam a certeza de seu sucesso com Isabel Polinski. Só o padre Isidoro, o seu inquisidor, sabia de seus planos, mas se calaria, pois iria ficar com parte dos valores dos Polinski, que seriam vendidos.

Ao chegar à sua residência, Philip apanhou os vasos com seus valores guardados, as vestimentas reservadas para a mudança de aparência, necessárias à viagem, uma Menorá, que escondia no porão, e saiu novamente, fixando o olhar perdido e vago no fruto de sua obsessão, ainda desacordada, ali na carruagem confortável.

– Pronto, Sebastian? Faremos longa viagem. Avisaste tua esposa?

– Sim, todos os familiares estão avisados, mas não gostaram do tempo que ficarei.

– Ora, eles se acostumarão, pois estarão bem com os valores que lhes deixei ontem. Agora, em frente!

Partiram diretamente para casa de Mark, onde Philip apanhou os novos documentos que pagara para fazer. O seu, com o nome de Daniel, e o de Isabel, como Marina. Também ali, a ordem criada do casamento dos dois. Os de Polinski que Mark forjara levaria em mãos, deixando-os com Isidoro, no Santo Ofício.

Mark entregou os documentos ao bispo, e ele agradeceu dando-lhe algumas moedas de ouro.

– Mark, queima esses documentos reais ainda hoje, não te esqueças. Não posso esperar para fazê-lo, preciso partir.

– Pois não, senhor. Eu os queimarei.

Philip chegou eufórico ao "Santo Ofício". Era perceptível que estava muito angustiado. Chegava a gaguejar, abrindo muito os olhos, enquanto falava a Isidoro tudo o que estava fazendo. Mas o padre, como já sabia disso, somente sorriu maliciosamente.

– Mas o que houve, excelência? – indagou-lhe, dissimulado, Isidoro, em frente dos guardas que chegavam.

– Meu amigo, olha só o que descobrimos hoje.

Trago aqui os documentos dos hereges poloneses que até hoje fingiam serem cristãos, mas, em sua própria casa, praticavam o judaísmo. Vê o que encontrei lá hoje à tarde.

Mostrou a Menorá, o candelabro judaico de sete velas, a Isidoro, que o apanhou e colocou de lado. (1) Não desejando se demorar, sabendo que Isabel poderia acordar a qualquer instante, prosseguiu falando a Isidoro, em frente dos guardas:

– Vede estes documentos – mostrava-os Philip a todos.

Isidoro fez que analisou atentamente e comentou:

– Eles são mesmo judeus, isso sim, e deverão ser aprisionados – comentou em tom alto Isidoro, para que todos ali ouvissem. – Ide em paz, que farei o que me pedistes, Vossa Excelência Reverendíssima!

Aliviado, Philip suspirou profundamente com o objetivo realizado e chegou-se à carruagem para ver se Isabel estava acordada, mas como a havia narcotizado

---

(1) *Menorá*: um dos mais usados símbolos do judaísmo e de Israel, a menorá teve sua origem na época em que Deus ordenou a Moisés que construísse o Tabernáculo. O candelabro de sete lâmpadas permaneceu no Templo de Salomão e de seu sucessor.

mais uma vez, partiu com a finalidade de chegar a grandes distâncias, onde compraria residência, e ninguém mais os encontraria.

Percorreu caminhos noturnos, parando aqui e ali e ouvindo os gritos desesperados de Isabel, quando acordou e se viu indefesa nos braços do vilão, que a calava com beijos indesejados. O terror e o temor que sentia eram tão intensos, que a pobrezinha caiu desmaiada e, como nos anteriores dias, permaneceu febril por horas sem conta.

Na pequena cidade, a família Polinski e o noivo procuravam desesperadamente pela jovem cheia de doçura e alegria de viver, depois de saberem por Thomas que o bispo não estava na localidade.

– Mas como ela pôde sumir assim? – indagou, contrafeita, a senhora Frederick a Irineu. – Não soubeste onde ela pode estar?

– Vi, muito rapidamente, um vulto correr atrás dela. O barulho da bala assustou meu cavalo, que me derrubou, e, batendo a cabeça, nada mais vi.

Por mais que buscassem, não conseguiam encontrar o paradeiro de Philip, que mudara de identidade. Thomas mandou cartas para todos os condados, a fim de saber do bispo, mas a resposta era sempre negativa. Sequer o bispo tinha pisado naqueles lugares.

Com o decorrer dos dias, os pais de Isabel, desesperados pelo desaparecimento da filha, receberam a visita de um oficial da Igreja, mostrando uma correspondência que eles conheciam muito bem, com o sinete do Santo Ofício. Assustados, abriram-na para lerem e entreolharam-se: Mas o que era aquilo? Seus documentos com o sobrenome escrito de maneira diferente?

– Deveis partir conosco agora – ordenou-lhes os policiais do clero que ali estavam. – Esta é uma ordem do Santo Ofício.

– Mas o que fizemos nós? – indagou Edith.

– Ora, são judeus, e judeus devem servir a Jesus também! Só que os senhores driblaram a Igreja, escondendo-se como católicos!

– Que brincadeira é essa? Estão enganados, não somos judeus, somos católicos – afirmou Edith.

– Olhai, o sobrenome não é Polinsky?

– Esses documentos estão errados. Nossa igreja

está com os nossos documentos originais, o nosso sobrenome termina na vogal i.

– O senhor quer é livrar-se da culpa, senhor Frederick. O senhor mentiu e se escondeu todo esse tempo aqui na cidade, disfarçando-se como católico. Vamos às prisões!

– E este outro documento também é para vós. É a desapropriação de vossas propriedades – falou outro policial, que ali também chegava, entregando-lhes o papel escrito, em forma de rolo, já penalizado deles.

Frederick colocou os olhos no documento que o outro guarda lhe dava e, depois, firmou os olhos em Edith, com a testa franzida.

O primeiro guarda não mais esperou. Foi logo amarrando os pulsos de ambos, puxando-os para as prisões.

– Avisa Thomas e Mirov Stanislaw, que ainda dorme, para ele voltar à sua cidade – pediu Frederick à serva Adélia, que a tudo ouvia, abismada.

– Mas vós ireis sair assim, sem um abrigo sequer? – indagou-lhes a serva.

– Pode apanhá-los, senhora – ponderou o guarda com um pouco de sensibilidade. – Posso aguardar.

Isso feito, Adélia chegava correndo momentos depois, de avental como estava, para avisar o reverendo Thomas do ocorrido. Assim que Stunf abriu a porta, ela pediu-lhe esbaforida:

– O reverendo Thomas, por favor, é urgente!

Thomas, que estava passando, fez a serva Adélia entrar e perguntou-lhe o que estava acontecendo. Em sua cabeça, achou que haviam encontrado Isabel morta, mas não fora isso, era mais uma desgraça advinda do invigilante bispo, para o desespero daquela família.

– Os homens chegaram lá com documentos falsos, dizendo que meus patrões estavam enganando a Igreja e que deveriam ser aprisionados. Ah, um deles falou que eles iriam perder suas propriedades. Foram levados ao Santo Ofício. Mas o senhor Frederick afirmou-lhes que seus documentos estavam adulterados, todavia, não acreditaram.

Thomas cerrou os olhos, analisando o que Philip, envolvido pelo mal, fora capaz de fazer para ter Isabel com ele, enquanto a mulher, ainda com voz alterada, cheia de temor, contava-lhe os fatos.

– Nos documentos, a última letra estava adulterada, reverendo. Estiquei os olhos e vi.

O reverendo e August não sabiam que atitude

tomar. Irineu preocupou-se principalmente se aquilo seria verdade ou falsidade, pedindo a seus pais que voltassem à Polônia até que tudo fosse descoberto.

Thomas, que lá estava com August, os dois verdadeiros cristãos, vendo os pais do esposo de Isabel partirem, fez questão de dizer-lhes que era um engano da Igreja, que os Polinski mereciam todo respeito, porque eram pessoas de bem e que assim mereciam ser tratadas, mesmo se isso fosse uma realidade, o que não era, mas não queriam ainda entregar o bispo Philip, com receio de que o plano que tinham à procura de Isabel fosse por água abaixo.

Irineu conseguiu, dias depois, uma bela moradia próxima à residência de Thomas, para continuarem com a procura por sua amada esposa.

A vida se tornara um inferno para toda a comunidade dos amigos dos Polinski. Thomas lutava para que a verdade aparecesse e para que o amor vencesse. Pensando em Isabel, o reverendo e frei August, desesperados, procuraram o bispo Philip por todas as comunidades cristãs, sem encontrá-lo. Ninguém de batina, com aquele nome, havia passado nos barcos, na alfândega ou nas estradas.

Enquanto isso, os pais de Isabel, aprisionados, aguardavam a solução de suas vidas.

Capítulo 9

Isabel e a descoberta da fuga de Mathias

"Se me amais, guardais meus mandamentos."
Jesus (João 14:16)

EM REVISTA ÀS PRISÕES PARA SOLUCIONAR OS CASOS pendentes, Isidoro e Miguel foram ver como estava Mathias naquele lugar distante, mas, ao chegarem lá, souberam, pelo soldado que guardava aquele prisioneiro, que ele fora liberto pela própria Igreja.

– O quê? – entreolharam-se os sacerdotes do Santo Ofício. – Há algum engano aqui. Onde está o referido documento?

O guarda, muito nervoso, retirou-se dali para apanhar aquela prova, deixando os três homens discutindo:

– Quem teria feito isso? – indagou Miguel aos guardas.

– Ora, só pode ter sido Philip – concluiu Isidoro. – Mandemos chamar o cardeal Humbert.

– Sim, então teremos de pernoitar nesta vila. Humbert custará a chegar.

Isidoro avisou alguns soldados da igreja, que saíram em disparada com seus cavalos, à procura do cardeal.

– Philip? Mas por que faria uma coisa desse tipo, se tinha imenso rancor por Mathias? – redarguiu Miguel.

– Talvez, tenha feito pela sua consciência... quem sabe – disse Miguel, dando de ombros.

– Será? Ou terá sido obra do temido... – Isidoro não ousou falar o nome de Thomas.

– O reverendo, não era a ele que estavas te referindo?

Humbert entrara nervoso depois de quatro horas. Já estava anoitecendo.

– Mas por que mandastes chamar-me com tanta urgência? Mathias morreu?

– Mathias fugiu, meu amigo – confiou-lhe Miguel. – E Philip desapareceu da cidade como por encanto. Agora mesmo, estávamos comentando que isso é obra daquele reverendo, ou do próprio Philip, desejando fugir daqui "lavando as mãos"!

Isidoro confiou ao cardeal o que se passava, e o cardeal teve de retomar o caso. Intrigado, concluiu:

– Não creio que o reverendo teria essa competência. Esquecei-o. Devo imaginar onde deve ter se colocado o bispo... E nos deixa com problemas a resolver – comentou sussurrando o cardeal para que os guardas não o ouvissem, continuando: – Sim, esse reverendo não sabia que Mathias estava aqui; naqueles dias, estava envolto com seu noivado com Elisa.

– Ora, Thomas se comunica com "aquele" – acusou Isidoro –, sim, porque se mete em tudo, parece que a tudo adivinha. É, sem dúvida, uma pessoa de comum acordo com o próprio trevoso.

– Bem, teremos de agir. Mathias deve estar longe a esta hora. No entanto, a Igreja será rapidamente avisada. Mais um motivo que nos servirá de apoio para que esses jesuítas se distanciem para sempre – comentou Miguel, raivoso.

O soldado voltou com o documento assinado.

O cardeal apanhou o documento em mãos e, franzindo o nariz, comentou:

– Vede esta assinatura... não parece de Philip – disse, mostrando o documento aos amigos – mas tem o sinete da Igreja. Isso demonstra que, talvez na pressa, a assinatura tenha ficado desse jeito...

– Mas penso que a assinatura dele foi forjada – argumentou Miguel, insatisfeito. – E, com isso, tudo foi por água abaixo; Mathias solto... ora, era só o que faltava. Mas isso não ficará assim. Vamos atrás de Philip.

– Isso não pode ficar assim! – firmou o inquisidor Isidoro. – Descobriremos quem assinou esse documento.

– Eu não iria tão longe, já que quem isso fez deve estar muito próximo. Ora, quem teria o maior prazer de salvar da prisão seu melhor amigo? – inquiriu o padre Miguel. – Ficarei mal, já que fui eu quem o delatou.

Os homens, na penumbra da cela, entreolharam-se.

– Esqueci o reverendo, meus amigos. Ele está

feliz com sua noivinha... dai tempo ao tempo, Philip logo estará entre nós – sorriu o cardeal, com malícia.

Os três se olharam na frente do guarda, que, nada entendendo, mantinha uma ruga na testa.

Nas partes altas da Europa

A janela, abrindo-se para o horizonte, deixava o ar fresco da manhã entrar; e o Sol, nascendo entre os montes, despertava os pássaros, que iniciavam com seu ruidoso trinar. Philip acordara animado e mostrava a paisagem dos Alpes para a jovem que, magra e com a pele translúcida, lentamente afastava as pálpebras cerradas, depois do aborto provocado por um tombo da escadaria. A primeira coisa que a bela Isabel percebeu foi o céu claro e o raiar do Sol daquele dia frio, a paisagem que o próprio médico pediu que se firmasse em sua visão ao acordá-la, depois de tantos dias febril.

– Graças – o antigo bispo, junto ao médico local, agradeceu ao nada, porque nunca mais orara a Deus.

Usando o nome Daniel, ele procurava esquecer

seu passado de crimes e erros, como se tudo pudesse ser apagado, para viver uma nova vida ao lado daquela por quem sentia verdadeira obsessão. E mentalizava o que desejava, mas jamais oraria a Deus ou a Maria Santíssima novamente. Aqueles nomes morreram em sua boca. Cientificava-se do pecado que havia feito, mas pouco se importava com isso. Marina, a Isabel, amá--lo-ia por sua dedicação, o resto era o resto. Amava-a tanto, que mataria por ela. Não sabia se aquilo era realmente amor, na obsessão pela qual fora tomado.

– Finalmente, meu amor, tu abres os olhos, depois da queda que tiveste.

– Quem é o senhor? – perguntou-lhe a jovem, muito fraca.

– Não te desgastes, minha esposa.

– Eu... esposa? Não pode ser, senão eu lembraria... – redarguiu nervosamente a mulher.

Dias antes, no dormitório superior, Isabel despencara pela estreita escada, enquanto tentava uma fuga. Bateu a cabeça e, com a queda, começou a contorcer-se, sem saber que estava grávida e, naquele momento, entre o choro e o desespero, com o sangue a escorrer por suas pernas, esqueceu quem era e quem era aquele homem maduro que a olhava assustadamente, com os olhos quase saindo das órbitas, causando-lhe pânico.

Amnésia total. Olhara para Philip como a um desconhecido. Naquele dia, o médico fora chamado.

– Foi mesmo um aborto. Sinto muito que tenha perdido seu filho, senhor Daniel – confirmou o doutor, tentando consolá-lo.

Philip sentiu um misto de ódio e ciúme por Isabel. Havia retirado a aliança da mão da jovem, quando estava adormecida, mas não sabia que ela já havia se casado. Então, cerrando os olhos, abriu os lábios num sorriso sarcástico e mau. Dentro dele, gritava, acima da vitória, uma angústia. Não conseguiu raptá-la antes da união íntima dos amantes, ou teriam eles se casado? Mas que padre teria feito o casamento? Não soubera de nenhum casamento enquanto lá estivera, pois sabia de todos os acontecimentos da igreja. Então, passou-lhe pela cabeça August. Sim, porque Thomas era da igreja Presbiteriana, não poderia ter sido ele a casá-los, e os Polinski eram católicos, sendo que Mathias estava aprisionado. Nesse caso, teria sido August que a unira ao polonês, mas ele, antigo bispo, faria sua revanche. Não deixaria por menos. Colocaria, sim, August unido ao miserável Mathias.

Tendo em mente ser o bispo um religioso e, por esse motivo, ter a chama de amor cristão, talvez somente amainada dentro de si, pensamos nesta questão de O Livro dos Espíritos:

632 – O homem, que está sujeito a erros, não pode se enganar na apreciação do bem e do mal e crer que faz o bem quando, na realidade, faz o mal?

" Jesus vos disse: vede o que quereríeis que se fizesse ou não se fizesse para vós: tudo está nisso. Não vos enganareis."

Sim, o amor ao próximo pedido a nós por Jesus havia como que se apagado do coração daquele homem de meia-idade, pois o pedido de Jesus sempre significou:

Não fazer aos outros o que não se quer para si.

O antigo bispo não escreveria ao amigo do Santo Ofício, pelo receio de que todos ficassem sabendo onde estava a desaparecida donzela e também o seu paradeiro, mas arrumaria uma maneira de enviar uma correspondência ao inquisidor pelas mãos do cocheiro, quando ele retornasse. A carta diria que o antigo bispo tinha o direito de ser feliz como todo ser humano.

– Tua esposa ficará bem, meu amigo – disse-lhe o médico depois de tratar Isabel –, mas tem cuidado com essa escada a partir de agora. Ela perdeu muito sangue, e o importante agora é a boa alimentação que necessitará ter. No entanto, não deve se levantar ainda por uns dias e... que seu esposo tenha paciência pela sua saúde. Compreendes o que quero dizer, não?

– Sim, doutor Medrido, entendo bem o que queres dizer, aguardarei um tempo para amá-la novamente. Estou triste por termos perdido nosso filho, mas isso são coisas da vida.

– Essa é uma escada perigosa, como todas aqui dessas casas de campanha – continuou o médico. – Deverás ter mais cuidado.

No íntimo, Philip estava exultante por saber da amnésia de Isabel, mas a sentia suja. Uma bela jovem, criança quase, ter pertencido a outro homem... Oh, como odiava os Polinski e aquele noivo. Até aquele momento, havia aguardado que ela o aceitasse como companheiro para o resto de sua vida, mas ela já havia pertencido ao noivo. Odiava todos eles, inclusive o reverendo, que considerava a causa dos maiores males, pois ele era a inteligência que comandava todos de lá. No entanto, havia um consolo – refletia –, a essa hora os pais de Isabel já deveriam estar aprisionados e sem seus bens.

"Que morram no cárcere!" – exultava ao dizer.

Com a amnésia de Isabel, o antigo bispo achou que a vida era sua aliada. Carregado de tesouros que não eram seus, ali distante, ainda não havia dado seu paradeiro a seus melhores amigos, os parceiros do crime; e ninguém poderia acusá-lo naquela aldeia próxima aos Pirineus. Sebastian, o cocheiro, não mais estava com ele. Já fazia semanas que haviam se instalado naquela casa, e Isabel continuava com choros, queixas e lamentos. Ela trancava-se no quarto, não permitindo a entrada do homem detestável. Mas ele manteve paciência por algum tempo, até o dia em que, explodindo de paixão, fez com que ela caísse da escada.

Philip somente pensava em forjar sua própria morte para dar ciência ao Vaticano e permanecer morando ali, com a imensa riqueza levada.

Sua maneira de agir era assoprada pelos inimigos

do amor, que sempre desejam interferir na justa obra dos missionários, tentando-os em sua fragilidade, que, no caso de Philip, eram o poder, o orgulho, a vaidade e o sexo.

E, assim, passaram-se mais algumas semanas. Isabel se recuperava lentamente, até que um dia acordou restabelecida e, ainda deitada, mirando o céu azul e acariciando seu ventre, olhou para a mulher gorda que, com avental na cintura e lenço na cabeça, cuidava dela. Vendo Philip que chegava, indagou-lhe com certa angústia:

– Perdoa-me, senhor, mas estou esquecida. Sinto como se não tivesse mais uma cabeça pensante... esqueci-me até de teu nome... e do meu também... o senhor é meu pai? – corriam algumas lágrimas de seus olhos.

Philip despediu a camareira e beijou Isabel longamente. Ela sentiu grande repulsa e o empurrou. Então, ele deu a ela um buquê de flores do campo, dizendo-lhe:

– Querida, não te lembras de mim? Ora, meu amor, sou teu esposo Daniel, um criador de cabras. Bom dia, princesa, minha Marina, minha esposa.

– Não pode ser, não pode!

Isabel franziu a testa. Naquela manhã, havia acordado melhor, mas, ao deparar-se com aquele desconhecido, não conseguia deixar de sentir arrepios. Não conhecia ninguém com aquele nome. Estaria louca? Então, começou a se debater e teve outro desmaio. Philip enervou-se novamente e resolveu deixá-la só por mais um tempo, até que se restabelecesse melhor, dando-lhe uma medicação que pedira ao médico para que ela descansasse.

Ali na comunidade, ninguém havia suspeitado do estrangeiro. Para todos, ele estava casado com aquela bela jovem, apesar de, primeiramente, terem achado que ela era sua filha.

O antigo bispo havia retirado a barba, mas, diante da mulher assustada, seus olhos o denunciavam, causando em Isabel um terrível e estranho sentimento quanto a ele ser seu esposo... Não poderia ter escolhido aquele homem para casar-se. Seus pais, de quem também não se lembrava, teriam obrigado o casamento com um homem que quase poderia ser seu avô?

Captando seu pensamento e desejando tê-la nos

braços depois de dias e dias naquela enfadada espera, o antigo bispo, agora chamando-se Daniel, mostrou--lhe a certidão do casamento forjado, confirmando:

– Lembra-te, meu amor, do dia em que casamos? Estavas tão linda... olha nossa certidão – porém, logo se lembrou de que deveria ter ali um vestido de noi-va, então apressou-se em dizer-lhe –, mas não quiseste te casar com um vestido de noiva. Isso porque nossa união matrimonial foi simples, contudo, tivemos uma lua de mel cheia de amor. Só fiquei triste e preocupa-do porque depois, grávida de nosso primogênito, caís-te da escada... oh... foi terrível termos perdido nosso primeiro bebê. Sim, perdemos uma criança, nosso fi-lho, mas teremos outras, vais ver, logo, logo.

O que fizera a jovem esquecer-se de sua vida? Por que não conseguia se lembrar de seu passado? Os longos dias em depressão, que a deixaram febril, so-mados ao tombo da escada perigosa, foram como um lenço cinza cobrindo a limpidez e o colorido da vida, aquela vida feliz que havia ficado para trás.

Na manhã seguinte, Philip puxou-a da cama e apanhou-a nos braços, fazendo-a olhar para a bela pai-sagem dos montes acima e para as flores da primavera que coloriam os vales. Ela estava curada, mas olhava-o estranhamente, desejando lembrar-se dele, apesar de que tanto a fisionomia quanto os perspicazes olhos daquele homem causavam-lhe mal-estar.

– Que bom que acordaste do longo sono, meu amor. Depois que caíste da escada, machucaste tanto tua cabecinha, que achei que não irias sobreviver, mas agora estás bem, e logo muitas crianças correrão por esses campos, dando-nos muitas alegrias e enchendo nosso lar de muito amor. Sou teu esposo, teu senhor e deves-me obediência, sabes disso, não?

Philip logo quis exigir os direitos de esposo, no entanto, ela recuou, enojada, sem se dar conta do motivo pelo qual sentia tanto asco dele.

– Não podes me empurrar quando quero beijar-te e aproximar-me mais de ti! – gritou o homem, possesso. – Sou teu esposo!

Isabel, testa franzida, abanava a cabeça, negando, e continuava a fazer o mesmo cada vez que o bispo se aproximava dela.

– Não! Não posso! Não consigo me lembrar de nada. Onde estão meus pais? – implorava, chorosa.

– Ora, mulher! – explodiu ele, atirando-a, com

raiva, sobre a cama. – Os teus pais morreram há muitos anos. Esquece-os, não tens mais passado!

Isabel começou a chorar, e Philip aproveitou para chegar-se a ela com mais carinho:

– Querida Marina – falou, receando que ela se recordasse do passado –, hoje, festejaremos a tua recuperação com a demonstração do verdadeiro amor que nos envolve.

– Marina? Esse é mesmo o meu nome?...

– Teu nome é Marina, meu amor. E sou teu senhor desde o dia em que nos casamos. Tens, portanto, de obedecer teu esposo e ser boa para com ele.

Franzindo o cenho, Isabel concluiu:

– Bem, se é assim, se és meu senhor, terei de ter obediência a ti.

Em Tunbridge, Thomas não pôde viajar para Londres para se encontrar com Elisa na cidade em que ela morava, pelas responsabilidades que lhe foram impostas; por esse motivo, ela retornou àquela cidade com seus pais, para lá marcarem a data do casamento, com a insatisfação estampada em sua face, pois desejava apresentá-lo aos amigos e familiares.

Thomas os apanhou na estação e, naquela noite, após o jantar em família, foi tratada a data do compromisso para dali a seis meses. Ansiosa, Elisa abraçou-se nele, sem imaginar que, na cabeça daquele jovem reverendo, passavam-se, como que em um tornado, os muitos assuntos a tratar.

– Thomas, vejo-te diferente... Olhar vago, distante, pensamentos repletos de preocupações... – falou isso para não cobrar dele a atenção que lhe devia.

O reverendo, já com alguns cabelos brancos nas têmporas, sorriu para ela, olho no olho, apanhou suas mãos e, então, revelou-lhe:

– Adivinhas como estou e como me sinto e tens razão, querida. Sinto-me um relapso diante de nosso firme compromisso, mas fica sabendo que são preocupações que dizem respeito a pessoas que estão sendo injustiçadas. Elisa, não posso concordar e tampouco fechar os olhos a isso. Desde que partiste, há quatro meses, tenho lutado com certos problemas que não são meus, nem de nossa Igreja, mas que atingem amigos freis, corretos e bons. No íntimo, gostaria de ter o direito de solucioná-los, no entanto, minhas mãos estão amarradas, nada consigo sem provas.

Elisa ouvia-o atentamente, enquanto Thomas continuava:

– Muitos homens já padeceram de diversas maneiras em casos dolorosos, por servirem a Jesus, procurando manter um cristianismo puro como nos primeiros tempos, no entanto, há os que se pervertem de tal forma, quando sentem um pouco de poder nas mãos, que se transformam em vítimas do mal, atuando exatamente ao contrário do que deveriam. E não se apercebem disso.

Thomas respirou profundamente, como a colocar para fora toda espécie de ressentimento e mágoa àqueles invigilantes homens, prosseguindo:

– Desde longa época, o mal tenta aproveitar--se das mentes religiosas quando estas, invigilantes, deixam-se levar pelo poder, comprometendo os seus ideais. Por esse motivo, todo aquele que serve a Deus nos caminhos do divino Jesus Cristo precisa manter--se vigilante quanto à sua forma de agir, sempre com o olhar aberto e a consciência tranquila.

– Elisa, Martinho Lutero, que ousou pela transformação da Igreja deturpada, teve de asilar-se para não ser morto... Jan Hus também foi um exemplo de quem tentou modificar as deturpações da Igreja e acabou sendo queimado vivo. Mas nós aqui, minha querida, vendo o que sucede, não sendo católicos, porém sabendo que somos admirados pela população em geral e que temos alguns franciscanos como aliados, sentimo-nos com as mãos amarradas. A Igreja papal ignora o que aqui acontece, e frei August e eu nada podemos fazer para que isso acabe. Mas, querida – prosseguiu, apanhando-a nos ombros e virando-a frente a frente, olhos nos olhos –, peço-te discrição, porque sei que és modesta. Agora estás ciente dos motivos por detrás dos cabelos brancos que adquiri nos últimos tempos.

Elisa sorriu e colocou suavemente a mão em seu rosto, acariciando-o.

– Não haverá necessidade de comentários com quem quer que seja. Nada está acontecendo – concluiu ela docemente.

– Melhor assim, melhor assim...

– Mas quero que saibas que todas as atitudes que precisares tomar em relação a esse fato, eu respeitarei. És um homem admirável, correto e, além de tudo, um verdadeiro cristão.

Ambos foram passear pelo jardim de mãos dadas e, assim, acabou o dia.

Depois de uma semana, Elisa voltou com seus pais para Londres, reiniciando Thomas de onde havia parado.

Cinco meses haviam se passado desde que Isabel sumira e nada mais se soubera sobre ela ou o bispo, mas distante dali, como quase alienada, ela servia-o como esposa, tratando-o com todo o respeito que achava deveria ser tratado, já que, estando esquecida, aceitara o que Daniel lhe firmara, com o documento de união matrimonial nas mãos. Então, engravidou novamente.

Passado esse tempo, o bispo Philip, deitado na cama, antes de adormecer, ria-se de sua própria astúcia: "Como fui inteligente – dizia a si mesmo. – Afinal, ali está minha presa, só minha, e ainda tão submissa, fazendo-me todas as vontades. Mas minha vitória só será complementada quando eu souber da morte de seus pais. Agora, aguardando meu filho nascer, jamais ela sairá daqui. Mas... e se ela lembrar-se do passado? Mesmo assim, não terá como voltar. Uma jovem, sozinha, carregando um filho nos braços, não sairá jamais deste lugar". – E voltava a sorrir: "Eu também não serei encontrado, agricultor e pastor de minhas cabras, usando o nome Daniel, o segundo nome que a mim pertence... Não, nunca me encontrarão".

Contudo, Isabel tinha, dia a dia, sonhos seguidos com Irineu, como lembranças do inconsciente. Amava-o, via-o sorrir para ela e acordava sempre chorando. No sonho, encontrava-se sempre de mãos dadas com ele em sua casa do sítio, e também abraçada ao seu pai e à sua mãe. Um dia, resolveu contar os sonhos, que seguidamente tomavam conta de sua noite, a Philip.

– Esposo, peço que não brigues comigo, mas tive novamente um sonho com minha mãe e meu pai – não quis falar de Irineu.

– Ora, meu amor, afinal, só podias mesmo sonhar com eles. Eles foram ótimas pessoas a princípio, mas... ora, não quero te deixar triste.

Isabel pediu:

– Por favor... conta-me sobre eles, já que deles não tenho lembranças.

– Está bem. Como sabes, os judeus têm de fazer parte da missa, mas não podem ter outras adorações judaicas em casa. Infelizmente, teus pais... bem... eles desrespeitaram o clero, bateram em padres e...

– E os mataram?

– Bem... melhor seria que não soubesses por agora, começaste a melhorar há pouco, portanto, nada mais vou te contar.

– Mas se eles são judeus, eu também o sou...

– Por isso, trouxe-te para cá, meu amor, para salvar-te – falou, aproximando-se, beijando-a novamente e mudando de assunto, para que ela se esquecesse daquela conversa.

Mas, naquela noite, Isabel não pôde dormir e começou a puxar pela mente, tendo relances de acontecimentos e visões e indagando-se: "E aquele homem que sentia amar, era quem, afinal?"

Daniel, sentindo-a erguer-se da cama, vinha-lhe com carinhos e dizia-lhe:

– Esquece os pesadelos, Marina. Teus pais estão mortos e tu não tens passado. Teu passado sempre fui eu em tua vida. Já mostrei os documentos que comprovam que somos casados...

– Mas existe um homem... um homem...

– Homem? Que homem?

– Um homem risonho, que sei que me ama...

– Ora, deve ser aquele que entregou teus pais ao Santo Ofício; deve ser ele, sim. Agora, descansa e volta a dormir, meu amor. Sabes que te amo e preencherei tua vida de tal maneira, que jamais sonharás com aquele "monstro" novamente. Esquece-o, retira-o de tua cabeça. Logo, teremos esse bebê. Nossa família ficará unida para sempre.

Assim, cada vez que ela se via com Irineu nos sonhos, abraçava-o chorando, porque o amava, mas, achando-o traidor, acordava sempre tristonha. Então, envolvia com os braços o "esposo", desejando esquecer.

Para os reais amigos, Isabel desaparecera por completo. Quando Thomas ia visitar os Polinski, a pergunta do casal era sempre a mesma: "Tens notícias de nossa filhinha?" Então, assistiam Thomas baixar a cabeça, para erguê-la novamente, fixando o olhar penalizado no casal e respondendo:

– Vamos encontrá-la. Irineu é incansável. Agora mesmo, mandou fazer outra pintura de Isabel, e em tamanho maior, que levará em outros locais para ver se alguém a reconhece. Vereis, senhores, que ela será encontrada. Tendes fé, sempre Jesus ensinou isso a Seus discípulos, e nós também devemos tê-la, se ainda confiamos Nele.

– É isso o que nos está dando forças, meu amigo – respondeu Frederick. – Quando vejo Edith desanimar, esse é o remédio que a reergue.

– E fazeis bem. Vereis que Irineu voltará com a pequena Isabel em seus braços.

– Ela ainda estará viva? Não entendemos, ela não nos mandou nenhuma mensagem – a mãe de Isabel falou, indignada.

– Se ela está aprisionada por aquele homem, certamente não terá condições para isso.

– Bem... sinto dentro de mim que ela está viva, mas, às vezes, sonho que ela chora. Não sei se trago ódio mortal ou esperança no coração – argumentou a senhora Edith.

– Deverás perdoar, senhora, manter a fé – afirmou o reverendo.

– Vê, Thomas, nunca fizemos mal algum àquele homem – argumentava Frederick –, nem a quem quer que fosse. Por que Deus, se é Pai, maltrata-nos desse jeito? Como aceitarmos de Deus o rapto de nossa única filha, a luz de nossos olhos?

– Meu amigo, não penses assim. As estradas de Deus são, até hoje, desconhecidas para nós. Por isso, não posso acalmá-lo com isso ou aquilo, no entanto, sei que deve haver uma grande razão. Deus é só amor, Ele é nosso Pai, todo justiça... Deus não nos castiga. Ele tem nossos destinos em Suas mãos e precisamos confiar Nele. Ele é tanto seu como nosso Deus e, se pensarmos que Ele é injusto, então, não existiria. Porque é todo justiça.

Olhando a vida de nossos semelhantes, vemos que, quando fazem mal a alguém, passam-se dias, anos, mas sempre acabam recebendo, igualmente, de outras pessoas. Penso que a Lei de Deus também é assim. Vemos muitas pessoas sofrerem e se tornarem melhores depois de a tempestade passar..., por isso, penso que a dor é para nós o próprio bem. Confiamos ou não em Sua onipotência?

– Desculpa-me, reverendo. Para mim, é muito difícil tudo isso. Não tenho tua fé, só monstruosa dor na alma – comentou senhor Frederick, fazendo com que Edith despencasse no choro.

Thomas consolou-a, dizendo-lhe que a prece é a melhor escolha, porque Jesus sempre ouve as preces dos humanos. Assim, orando com ela, aquela sofrida mãe parou de chorar e deitou-se no piso, adormecendo. Frei August só a olhava, penalizado, e o reverendo sacudia a cabeça negativamente, procurando compreender aquele absurdo pelo qual passavam.

E o tempo passava...

Os pais de Isabel estavam ficando adoentados na prisão, pela imensa tristeza que os assolara, até que Thomas, um dia, saindo de lá, percebeu que estava começando a perder as esperanças de que conseguiria fazer alguma coisa por eles. Então, chegou a sua casa, encaminhou-se à igreja e, ajoelhando-se, pediu:

"Pai de todo poder e bondade, não há justiça nos feitos do clero deste lugar, pois procuram abafar as maldades que fazem. Preciso de Vós, Pai amado. Não permitais que esses nobres amigos venham a morrer na prisão. Concedei-nos algum meio, alguma prova, para que possamos argumentar com o inquisidor sobre eles. Já nos destes informações vindas por outra pessoa, quando Vos pedi sobre Mathias. Ó Pai amado, não temos feito outra coisa senão orar por eles, mas agora firmamos que chegou o momento que esperávamos. Salvai-os. Entregamo-los a Vós."

Uma semana após esse encontro com Deus,

Thomas foi procurado por Stunf, muito ansioso, em seu gabinete. Ele parecia ter coisas importantíssimas a dizer-lhe, arrependido pela prisão do frei Mathias.

– Ora, por que essa preocupação, Stunf? Entras em meu gabinete como se tivesse visto um fantasma... – indagou o reverendo, que, sentado em sua cadeira, ergueu-se.

– Senhor reverendo, tenho visto vossa apreensão com aquele casal de amigos seus e sei que o senhor vai gostar muito de saber o que tenho a lhe falar.

– Então, por favor, fala calmamente, sentando-se aqui na minha frente – pediu-lhe, preocupado.

Ambos sentaram-se nas poltronas, que estavam posicionadas uma de frente para a outra.

Nervoso, ansioso, respirando fundo, Stunf iniciou:

– Bem, estava vindo para cá agora pela manhã, depois de entregar aquela correspondência em mãos que o senhor me pediu, quando me deparei com Mark, um conhecido meu. Ele, por haver bebido muito, vinha quase caindo pelo caminho, devia ter saído do bar naquela hora. Então, auxiliei-o, levando-o pelo braço até sua moradia.

– Muito bonito de tua parte, mas...

– Mark, necessitado – continuou Stunf –, sabendo que trabalho aqui, disse-me que ia me contar um segredo, contanto que eu conseguisse algumas moedas com o senhor.

Stunf, ofegante, parou um pouco para recuperar o fôlego.

– Deve ser importante, como estás ansioso! Segredo? Que segredo ele teria para te contar? – questionou Thomas, achando que deveria ser alguma bobagem que não queria ouvir.

– Ele me disse: "Recebi muito dinheiro do bispo Philip de Bristol para mudar documentos alheios e eu o fiz, porque precisava sobreviver... Mas, agora que ele partiu daqui, estou passando necessidade e, por esse motivo, bebo e choro, mas já que és funcionário daquele reverendo, que é temido por todos, e sei que ele tem interesse nesse caso, ele vai gostar de saber..."

– Sim – falou Thomas. – Mas do que se trata?

– E ele respondeu-me: "Quero dizer-te que fui eu quem mudou para o bispo os documentos dos poloneses".

– O quê? – ergueu-se Thomas da cadeira, andando de um lado para o outro. – Então foi ele, Philip? Eu sabia que Philip seria capaz disso – pronunciou, batendo com o punho na escrivaninha. – E onde está Mark agora?

– Deixei-o deitado na cama.

– Mas ele falou se destruiu os originais dos Polinski?

– Disse-me que o bispo ordenou que os queimasse, mas, achando que ele talvez não mais voltasse, não o fez; ele precisaria ter uma carta na manga caso estivesse necessitado. Também me contou que os documentos ainda estavam em sua mesa. Depois, agradeceu-me por tê-lo colocado em sua cama.

– E os procuraste?

– Tive receio de que alguém do clero entrasse lá, mas olhei na mesa rapidamente. Com tantos papéis espalhados, não consegui encontrar nada e vim avisar-vos. Nem precisamos procurar lá, reverendo, ele está disposto a ceder-vos. Precisa do dinheiro.

– Sim, entendo – falou Thomas, pegando uma chave secreta em sua escrivaninha, que abria todas as gavetas. Então, da terceira, retirou um saquinho de moedas e colocou-as no bolso. Tudo na frente de

Stunf. Depois, rematou: – Vamos agora até lá, meu filho!

Stunf gostou do que ouviu e seguiu, com passos largos, atrás do reverendo, feliz por estar, finalmente, fazendo-lhe uma boa ação.

Ambos chegaram à pequena casa de Mark. Bateram à porta, mas ninguém atendeu. Então, deram a volta e olharam pela janela, através das vidraças muito sujas, que davam para o dormitório do rapaz, onde Mark ainda estava estirado na cama.

Stunf bateu na janela diversas vezes, mostrando a Mark, que abria os olhos, o saquinho de moedas que Thomas lhe daria. Foi assim que o rapaz, ainda tonto, abriu-lhes a porta.

Mark sorriu para Thomas, que estava sério e angustiado, e abriu uma gaveta onde estavam os documentos. Ao estender um braço para entregá-los, já elevava a outra mão para, ao mesmo tempo, apanhar o saco de moedas.

Thomas olhou os papéis envelhecidos pelos anos e sorriu. Em seu coração, grande alegria, uma vibração muito grande de amor e agradecimento a Deus.

Os Polinski seriam salvos.

Capítulo 10

August e Thomas – uma verdadeira conquista

"Nós, porém, temos a mente do Cristo."
Paulo (Coríntios 2:16)

OLTANDO RAPIDAMENTE PARA CASA, IAM THOMAS e Stunf.

– Essa foi uma grande vitória, Stunf! E, se não fosse você, não teria acontecido – comentou alegre Thomas, com os reais documentos dos Polinski nas mãos.

E pensava o reverendo: "Como oramos pelos Polinski! E Deus ouviu nossas preces. Ainda dará tempo de retirarmos o casal de lá antes que padeçam e de estabelecermos a fraternidade nesta pequena cidade. Tenho a certeza de que a paz voltará a reinar e de que o amor permanecerá entre todos deste lugar. Obrigado, Pai. Obrigado, Nosso Senhor Jesus Cristo".

– Vamos diretamente para o Santo Ofício, senhor?

– Não.

Sério, Thomas pensava no que fazer. Chamar a polícia? Atacar o clero? Não, isso não seria razoável, deveria agir com diplomacia. A situação era periclitante, mas pediria a Deus, todo amor e bondade, que ele pudesse retirar da prisão aqueles amigos tão especiais, o mais rápido possível.

Stunf, caminhando acelerado ao lado do reverendo, sorriu satisfeito. Enfim, não traria mais a consciência a lhe pesar.

– Aonde vamos agora, senhor?

– Tu ficas em casa, e eu sigo adiante.

Thomas procurou August, que muito se alegrou ao ver os verdadeiros documentos daqueles poloneses.

– Thomas – disse-lhe o frei –, se esse homem não queimou esses documentos, quantos inocentes, ainda aprisionados, existirão? Podemos salvar a todos.

– Não, August, Mark, temendo a justiça, com certeza não teria guardado outros documentos por tanto tempo. Como todo trapaceiro, ele ainda tinha esses, porque, da maneira como aconteceu, vendo o bispo fugir e, com ele, seus ganhos mensais, quis poder contar com o interessado nessas informações importantes, ou seja, eu próprio. Salvaremos duas vidas com a quantia que lhe dei em mãos. Philip, com pressa, não vendo Mark queimar os reais documentos, quis uma solução rápida, confiando no rapaz. Afinal, Isabel devia estar inconsciente, aguardando na carruagem.

– Como anotas logo o que te vem aos olhos, Thomas. Sempre foste assim? Vamos direto à polícia? – indagou August.

– Não. Temos que pensar. Não sabemos o paradeiro de Philip, mas, se alguém fosse ao próprio Clemente com essa prova, aí sim, apanharíamos todos de uma vez só. Mark é nossa principal testemunha. Sobre Mark, diremos que ele não teve culpa, foi obrigado a fazê-lo. Além dele, temos o soldado Antero, que foi colocado a labutar em trabalhos pesados depois da fuga de Mathias. Eles não são bobos, August.

– Mas posso voltar a Roma dentro de um mês.

– Não ainda, meu amigo. Não poderemos aguardar que de lá retornes. Há uma iniciativa primordial: tirarmos os Polinski do cárcere.

Nesse momento, Antero, exausto do trabalho, chegou para falar com o jesuíta August. Cumprimentou os dois homens e esborrachou-se na cadeira próxima.

– Boa tarde, estimados senhores. Desculpai-me se me sento dessa forma na cadeira, mas estou exausto.

– Ora, fica à vontade, meu filho – disse August, tendo ele e o amigo os olhos fixos em Antero.

– Deveis estar falando sobre Isabel – comentou Antero.

– Sim e não – comentou Thomas –, falávamos até de ti, mas, na realidade, de retirar os poloneses da prisão e derrubar todos os infratores da lei do Cristo...

– Estais falando sobre os Polinski? Ontem, um companheiro esteve lá e escutem bem... aqueles senhores não durarão mais três meses.

– Sim, penalizamo-nos deles na última vez em que lá estivemos. Quando levamos a eles o quanto pudemos levar, os vimos muito abatidos.

– Reverendo, eles vão morrer! A prisão por tempo demasiado faz isso com as pessoas. A senhora Edith está sempre deitada, não mais se ergue!

Pensativos, Thomas e August partiram de lá e, durante a noite, nenhum deles conseguiu dormir. Pela manhã, muito cedo, os dois religiosos uniram-se novamente. Thomas caminhava de um lado a outro com a mão no queixo, quando August adentrou na pequena saleta da residência com a testa franzida e com a face em febril preocupação. E Thomas, num átimo, sem tê-lo ainda cumprimentado, estacou em sua frente e falou:

– Mas espera aí. Se Philip não foi encontrado até agora, é porque está usando outro nome!

– Sim, é lógico! – exclamou August, confiante. – E quem deve lhe ter feito outros documentos, hein?

– August, estamos tão preocupados com os Polinski, que não pensamos nisso antes. Assim, também encontraremos Isabel. E temos de agir rapidamente para apanhar Mark antes que ele fuja da cidade com o valor que lhe dei.

– Será isso o que faremos agora! – entusiasmou--se August, erguendo-se e colocando o manto.

– Desejais que eu vos acompanhe? – indagou Antero, que ali chegava e havia ouvido a conversa.

– Não será necessário. Obrigado – respondeu-lhe Thomas, saindo logo dali.

Mark, em sua casa, ainda tonto pela bebida que tomara na noite anterior, abriu um largo sorriso, olhando para o saco de moedas nas mãos e para alguns documentos que apanhara na sua gavetinha particular, a qual ficava sempre fechada a sete chaves. Penalizou-se em não extorquir maiores valores do reverendo, mas achou que ele havia lhe dado tudo o que tinha em casa. Para que se importar com isso agora? Levaria os verdadeiros documentos de Isabel consigo, já que o bispo levara os próprios. Se ficasse sem dinheiro novamente, aproveitaria o desespero dos Polinski, pois eles pagariam uma fortuna para saber o nome que o bispo usara para escapulir-se daquele lugar e, com isso, obteriam de volta sua bela filha. Depois, ponderou: "Bem... se o reverendo tiver ido direto ao Santo Ofício com os documentos reais, quem será queimado vivo serei eu".

Então, retirou-se da casa que alugava do próprio clero e foi apanhar o primeiro navio para mudar de lugar. Com os valores em mãos, poderia refazer sua vida. Mas, ao chegar ao porto, encontrou Thomas e August.

– Nada temas, meu amigo – logo afirmou Thomas ao rapaz, que ficara branco como cera. – Confia em nós, mas precisamos de ti ainda por alguns momentos.

– Por quê? Estou aqui para partir.

– Queremos que venhas conosco somente. Depois, acompanhar-te-emos até vermos partir o navio – disse-lhe o reverendo.

– Não, não posso, "eles" vão me matar.

– Nós te protegeremos para que não te apanhem. E, para te cientificares do que seja, precisamos do verdadeiro documento de Isabel.

– Ora, disso nada sei...

– Não é correto omitir para padres, meu irmão – comentou August.

– Não tenho documento nenhum aqui!

– Não perguntamos isso, mas se assim falas, é porque sabes onde esses documentos estão – procurou conscientizá-lo August.

– Salvarás uma família inteira com teu gesto, já pensaste nisso? – indagou-lhe Thomas.

– Sim – continuou August, para assustá-lo. – Mas, se não nos ouvir, irás para o fundo do inferno. E por falar em Isabel, que nome o bispo aderiu para a fuga?

– Ora, nada sei sobre isso.

– Olha o inferno! Terás de pagar a cada ato mal – quis assustá-lo August.

Temendo, com os dois homens ali, um apanhando o braço direito e o outro, o braço esquerdo, Mark redarguiu:

– O bispo tem poder, e seus amigos vão me matar! Não desejo contar!

– Confia, meu amigo. Estarás fazendo tua parte no bem e, assim, não carregarás tantos crimes na consciência. Aqui, todos me temem, porque sou de outra igreja. Tu agora serás meu protegido. Vem comigo, isso será rápido – confirmou-lhe Thomas, apanhando-o pelo braço.

– De nada adiantará falar do bispo para o Santo Ofício, porque ninguém poderá apanhá-lo. Somente eu sei o nome que ele usou para a fuga. E, para isso, quero um valor bem mais alto do que esse que recebi. Se assim não for, ninguém conseguirá tirar nada de mim, nem mesmo o Santo Ofício. Sei calar-me quando necessito – Mark concluiu.

E Thomas respondeu:

– Está bem, mas aqui não trago valores, e somente em casa poderemos resolver isso. Certo?

Thomas sussurrou a August:

– Terei de ver se meu cunhado consegue um valor maior do que o que dei a esse rapaz.

Assim, andaram todos para a residência de Thomas

August e Mark ficaram aguardando Thomas em seu gabinete, enquanto ele partia para a casa próxima de seu cunhado, para pedir-lhe o valor de que necessitava.

O reverendo atravessou a rua e chegou à moradia de sua irmã. Mary estava sentada no jardim, lendo um livro com seu cão ao lado. Ela ergueu-se para recebê-lo, estranhando sua visita àquela hora, tão próxima do almoço.

– O que houve? Vieste ver a mamãe?

– Mamãe está bem? – indagou Thomas à sua irmã.

– Sim, mamãe está bem.

– Preciso falar com teu esposo.

– Por favor, entra sem cerimônia, meu irmão, e encontra-o.

Ela voltou-se ao cão, chamando-o:

– Vem, Shakespeare, não entres em casa! – e sentou-se onde estava para a leitura.

Thomas sorriu assistindo a cena, e ela continuou:

– Cada vez que me lembro de que mamãe deu a um cão o nome de um homem tão importante, fico indignada, não conto a nenhum de nossos amigos. Digo, simplesmente, que se chama Sheike – riu –, coisas de nossa mãe...

– Ela quer assim e assim será, não é, Mary?

– Sim, ela é agora a matriarca, e precisamos respeitá-la.

Mary, olhando para Thomas, que se encontrava com a testa franzida, sentiu sua preocupação e indagou-lhe, erguendo-se novamente:

– Conta-me, meu irmão, o que há? Alguma rixa com tua noiva? Vejo-te preocupado.

– E não deixas de ter razão, maninha, mas não com minha noiva. Eu estou, sim, necessitado de um valor.

– Ora, não disseste, na semana que passou, que já tinhas o suficiente para o casamento?

– Sim... mas tive de usar aquele dinheiro para outras necessidades.

Leonard, que ouvira sua voz de onde estava, foi até o cunhado e, cumprimentando-o, afirmou:

– Podes contar comigo, meu cunhado, porque sei que, como sempre, isso é para uma boa causa.

– Adivinhaste, Leonard. Realmente, é para uma boa causa. – E com uma intuição instantânea, indagou: – Teu irmão David está na cidade?

– Sim. Ele chegou ontem de Londres, deve estar em sua própria casa, trabalhando.

– Obrigado. Fico feliz em saber disso.

– Precisas de um advogado? Algo que ele possa ajudar?

– Não, Leonard, obrigado, só quero perguntar-lhe uma coisa.

– Está bem, mas aguarda aí, que vou apanhar o valor que necessitas.

Depois de segundos, prestativo e sorridente, voltava Leonard:

– Espero que isso chegue. E não há pressa para a devolução... se não puder pagar, digo-te que gosto de colaborar em tuas obras de caridade, pois, como sabes, nada aqui nos falta.

– Obrigado, meu amigo, todavia, espero devolver-te o quanto antes.

Com o valor nas mãos, Thomas atravessou a rua, apanhou sua charrete e foi diretamente à casa do advogado, que, sorridente, abriu-lhe a porta:

– Caro reverendo, o que te traz aqui? Como soubeste que eu havia chegado?

– Teu irmão me avisou de tua chegada. Como está tua saúde, David?

– Minha saúde está ótima como sempre! Mas a que vieste? Precisas de um advogado?

– Tenho uma pergunta para fazer a ti...

– Pois não? Fica à vontade, por favor. Senta-te.

Thomas não quis se sentar; estava com pressa para sair de lá e tirar a limpo, com o inquisidor, sobre a grande fraude dos documentos dos Polinski e sobre os valores da família que estavam sendo direcionados para o clero. Foi por esse motivo que resolveu ver com o advogado como ficaria a situação dos infratores, se devolveriam ou não os imóveis aos poloneses.

– David, estou preocupado.

– Algum problema de saúde, ou algo aconteceu com Elisa?

– Não. Graças a Deus, todos estão bem, mas me importo com os Polinski.

– Boa família, e com uma linda filha recém-casada que sumiu como uma nuvem no céu...

– Não sabes do que aconteceu com os próprios pais da moça?

– Sim, soube por meu irmão. Um advogado está sempre com os ouvidos atentos, mas, afinal, sei que eles não são judeus, e qual o problema se fossem? Como afirmaram isso?

– Rasuraram os documentos do casal.

E começou a contar o que Stunf tinha descoberto, continuando:

– ... E a revelação de Mark poderá levar-nos a descobrir onde Isabel se encontra. David, preciso de teu auxílio.

– Sim, mas, por favor, senta-te um pouco.

Thomas sentou-se na ponta da cadeira, lembrando-se de August e Mark, que o aguardavam.

– Tens razão – continuou David –, e essa descoberta pode, também, acabar com essa reinvenção da pérfida e maldosa inquisição.

– Sim, David. E digo-te que já consegui os documentos dos Polinski, tenho-os aqui em mãos – revelou-lhe Thomas, ansioso.

– Deixa-me vê-los.

David apanhou e analisou-os, dizendo:

– Não há dúvida, meu caro reverendo. Estes documentos são os originais. Ainda contêm o sinete do lugar onde houve o casamento deles.

– Mas, na realidade, o que preciso saber de ti, já que vou ao Santo Ofício, é se, pela lei, mostrando-lhes os documentos originais, poderão libertar aqueles amigos e devolver seus bens.

– Mark terá fugido? Onde se encontra ele? – indagou David ao mesmo tempo em que se erguia, com alguma ideia na cabeça.

– Não fugiu – respondeu-lhe Thomas –, porque ele quer receber maior valor para nos entregar também o nome que o sequestrador está usando agora. Foi isso o que fui fazer na casa de teu irmão. Mark e o frei August me aguardam em minha casa,

– Bem, Thomas, nesse caso, com essa prova, o que o clero fez irá por água abaixo. Tudo deverá ser devolvido e, tem mais, o caso irá adiante.

– Adiante, como?

– Isso deverá ir ao próprio Papa, com as provas da falsificação. Assim, todos serão derrotados e, quem sabe, destituídos de seus poderes. Quem está metido nisso?

– Estão envolvidos o bispo Philip, o cardeal Humbert, padre Miguel e o padre inquisidor Isidoro.

– Bem, na falta de Philip, precisamos nos acautelar. Pois, se os pegarmos, poderão avisar o bispo, e ele desaparecer de vez. Com o dinheiro que arrecadou, ele pode até mudar para as Américas. Aí jamais encontraremos Isabel. Bem... posso dizer que abraço agora o caso como advogado dos Polinski, também tenho esse interesse.

– Nada se sabe sobre Philip – Thomas admite ao advogado. – Ele sumiu. Sei disso porque tenho amigos católicos franciscanos. Se o cardeal ou esses padres tivessem recebido alguma correspondência, eu o saberia. Mas... o que achas que acontecerá com as igrejas e com os padres daqui? – questionou a David

– Bem... se quiseres, visto que sinto que não desejas confusões, nem desmoralizá-los perante a Igreja, poderemos procurar abafar o caso, contanto que eles terminem com o Santo Ofício, que novamente tentam abraçar. O que achas que eles pretendem com isso? Matar os bruxos? Ora, meu amigo, estão interessados nos valores que retiram e que retirarão ainda das pessoas.

– Sim, prefiro que isso termine de vez, sem alaridos maiores. Não poderia manchar minha consciência com memórias que me acusariam. Mas... há ainda uma coisa: o fato de eles estarem contra os jesuítas franciscanos. Mathias está foragido na França. Antes de ir, escreveu uma carta, que remeti pelos correios, pedindo asilo a freis de lá.

– Meu amigo reverendo, tenho grande estima

por ti. Sei de tua fraternidade, assumindo a caridade e o cristianismo como outros que assim fizeram. Também sei, meu amigo, que desejas melhorar o mundo. No entanto, cuidemos desse caso que está em nossa alçada. Quem cuidará dos jesuítas será o próprio Santo Padre, a própria Igreja.

Depois, olhando para o reverendo, relatou:

– Tu nem és católico, por que estás te envolvendo com isso?

– Ora, por um grande amigo. Vejo como sofrem aqueles que são perseguidos e aprisionados. Mathias é meu companheiro de infância, apesar de ter mais idade que eu, e os outros são freis, David. São humildes e agem como eu; somos, penso, como uma só família, a família do Cristo. São todos cristãos como nós o somos, como os mesmos apóstolos o foram. Gostaria de também agir em favor deles, mas vejo a impossibilidade, conforme me diz. Bem... agora preciso ir – confirmou, erguendo-se depois de tomar um copo da água que a servidora de David havia levado aos dois. – David, por favor, poderias ir conosco?

– Aguarda um momento. Não tenhas tanta pressa. Espera até eu terminar de escrever os documentos que necessitaremos levar para que sejam assinados. E precisaremos de uma testemunha.

– David, tenho como testemunha o próprio falsificador. Mas... poderá ser também Stunf?

– Sim, será ótimo. Dele também precisaremos. Por favor, dize o nome dos dois. E, Thomas – argumentou David, deixando de escrever e olhando para o amigo –, talvez não devas participar disso. Digo isso para haver diplomacia nessa questão. Não achas também que será melhor?

– É, não havia pensado nisso, mas como o advogado é sempre a lei, ficarei aliviado, pois terá mais força esse nosso pedido.

– No entanto, nesse encontro, precisarão estar também o Cardeal e Miguel. Vou marcar uma reunião com os três para amanhã, aliás, farei uma petição também ao bispo ausente como se não soubéssemos nada sobre sua fuga. Assim, obteremos sucesso. Por ora, passarei por lá para levar esse pedido por escrito, marcando um encontro com eles aqui em meu gabinete, amanhã pela manhã.

– Quanto nos custará isso? – indagou Thomas, temeroso pelos valores que teria de arrecadar.

– Ora, Thomas, não levando avante, até Roma, o caso desses fraudadores, faço pelo trabalho que me diz respeito. Como sabes, sou aqui um advogado e terei enorme prazer em desmascarar aquela turma de impostores, que usam a batina para desmoralizar a própria Igreja a qual pertenço. Então, não te conheço o suficiente? Confia em mim, eu mesmo irei apanhar Stunf e Mark bem antes das nove horas da manhã, quando a reunião iniciará. Pontualidade britânica, que sei que eles também terão. Por ora, sairei contigo. Vou levar este documento para que seja assinado pelo inquisidor.

Os dois homens saíram, fecharam a porta e apanharam cada um sua condução, mas, antes de David partir com seu coche, Thomas indagou-lhe:

– Mark me aguarda com o valor. Entrego o valor para ele? Precisamos saber que nome o bispo está usando.

– Não faças isso, meu amigo. Ele nos abandonará ainda hoje se assim o fizeres. Segura-o lá dizendo que ainda não conseguiste o dinheiro. Inventa uma desculpa.

– Estarei mentindo.

– Estarás, sim, salvando uma família inteira do

sofrimento imposto pelo abuso de poder por parte de outros. Amanhã, te contarei como sucedeu a reunião.

– Tiras dos meus ombros grande peso que carrego há meses. Deus é grande e é muito bom Nele confiarmos. Que bom que fui intuído a vir aqui.

– Pois é, não és tu quem dizes que nossos anjos sempre nos estão guiando?

Thomas voltou à sua casa mais seguro, agradecendo a Deus por todo o caminho de retorno, com lágrimas nos olhos. August e Mark o aguardavam.

Isidoro sentiu que suas pernas tremeram quando um guarda entrou com a intimação direcionada para ele assinar. Ao lê-la, cientificou-se do que era. Mas, afinal, o que significava aquilo? Uma ordem da lei? Assinou, entregou-a ao remetente e foi, rapidamente, avisar seus comparsas no crime.

Na residência junto à igreja, Mark caminhava de um lado a outro.

– Mas o que aconteceu com esse reverendo, que não chega nunca? – falava, colocando a fumaça de seu cachimbo para fora.

– Vai ver que não conseguiu o valor e foi adiante – redarguiu August tranquilamente. – Mas, vê, estamos bem acomodados e até ganhaste de mim no jogo de cartas, eu é que não sou disso.

– Vê-se mesmo que o senhor não é disso, frei, porque perdeu todas as partidas – riu Mark, chegando a gargalhar. O senhor não sabe nada mesmo, senhor frei.

– Tantos anos sem prática, só poderia dar nisso. Mas ouve, há ruídos de uma charrete chegando.

– Bem... já perdi mesmo o navio e só amanhã conseguirei viajar. Ele terá de arrumar um lugar aqui para eu dormir.

– Podes também dormir na nossa escola.

– No meio de tantos freis? Nada disso, prefiro aqui ficar.

Capítulo 11

O Inquérito

"Reconcilia-te depressa com teu adversário,
enquanto estás a caminho com ele..."

Jesus (Mateus 5:25)

— Desculpa-me, Mark – pediu-lhe Thomas –, mas nada consegui por hoje. Amanhã, sairemos juntos para resolvermos esse caso. Vou chamar Matilde para levar-te ao dormitório que preparará para ti.

Mark entendeu que, no dia seguinte, ele iria junto para apanhar o valor pedido e comentou:

– Está bem, porque sei que o senhor está necessitado de tirar a senhora Isabel das mãos daquele vilão.

– Já jantaram? – perguntou-lhe Thomas.

– Sim, tua mãe, que aqui chegou, é uma ótima anfitriã – comentou August. – E Stunf avisou-a de que sua porção estaria reservada.

Matilde chegou e pediu ao rapaz que a acompanhasse ao dormitório semipreparado.

No que ele subiu com Matilde, Thomas colocou August a par do acontecido.

– Sim, será muito bom não participares disso, meu amigo. Talvez, não tivesses o sucesso de um advogado, sabes como aqueles homens do Santo Ofício são preparados à mistificação – disse-lhe o frei.

– Eles sempre foram assim, August? Os conheceste antes?

– Não, meu amigo, nem sempre foram assim, todos eles tinham boa fama na cidade e, que eu saiba, eram pessoas caridosas. Depois, algum deles viu-se na propriedade de arrecadar fortunas, creio eu, para melhoramentos das igrejas e, com essa facilidade, surgiu todo esse abuso ao poder. O bispo, eu soube, foi um simples padre do interior aqui neste país. Muito inteligente, com o passar dos anos tornou-se bispo em Bristol, mas toda essa sujeira surgiu com a amizade com os outros implicados da igreja.

– Acreditas, August, que os Espíritos do mal influenciam na vida de pessoas fiéis que não vigiam bem seus pensamentos? – indagou-lhe o reverendo.

– Tenho certeza disso, meu amigo. E não vi isso acontecer com um ou dois, mas com mais fiéis, inclusive com um que comigo fez o ato de promessa e fidelidade ao mandamento maior. Tudo isso é guardado sigilosamente. Assim como esses, que se influenciaram pelo poder, já houve os que se perderam no sexo, nas tentações que não conseguiram controlar.

– Sim, August, os católicos não podem se casar... – confirmou Thomas – Bem, mudemos de assunto. Não desejamos julgar os atos alheios, não é? Mas oremos para que os homens que se dedicam ao verdadeiro amor jamais se percam nas influências supérfluas, que os fazem fugir de seu objetivo primordial.

– Muitos homens do clero têm os olhos fixos no inquisidor do Santo Ofício. Os valores dos aprisionados são divididos entre os quatro, sendo que a parte menor sempre cabe ao padre Isidoro.

– Como sabes disso tudo, August?

– Ora, isso sei porque Antero tem bons ouvidos, bem... tinha-o enquanto trabalhava lá.

– Eles se perderam entregando-se aos Espíritos do mal, que estão sempre procurando um meio de nos fazer falir – concluiu Thomas. – Se não fôssemos vigilantes com os princípios abraçados, também poderíamos nos envolver. Pisando onde não devemos, daqui para a frente, não lograríamos segurar as rédeas das tentações que nos apaixonam. De erro em erro, não conseguiríamos parar. Não achas que é assim?

– Tenho fiéis da minha igreja que se perderam por menos, imagina sabendo que poderão passar por cima dos mais ricos, Thomas... Sempre o materialismo, não é? Por isso, vestimos esses pobres trajes, seguindo nosso santo Francisco.

– Francisco foi um modelo de virtude, e tu e Mathias, que conheço tão bem, eu sei, também seguem seu exemplo. Os que se perdem, em vez de construírem seu futuro espiritual, distanciam-se de Deus. Sei que não se vive somente esta vida, meu amigo. Quem mais me provou isso foi Mathias, com as visões que teve. Realmente, Deus não nos prenderia nesse corpo, colocando nossa inteligência e nosso sentimento do bem na lata do lixo. Se assim o fizesse, Deus não seria o todo poderoso ou onipotente, trazendo tantos infelizes e aleijados à Terra. Frei Mathias vê os seus parentes, como sabes, que o avisam que estão vivos como sempre estiveram e que viveram com ele em outras eras. E isso não quer dizer que eles foram santos, mas pessoas comuns. Os parentes mortos dizem-lhe que todos nós temos, ao nosso lado, nossos amigos espirituais que nos auxiliam, os quais chamamos de Anjos da Guarda. Como Jesus enviava sempre dois a dois para a Boa Nova, também nós, os que servem a Jesus, temos nossos auxiliares do outro lado, não estamos sós.

– Sim, isso é de se pensar – comentou o frei, franzindo a testa e procurando lembrar-se de algo. Logo após, comentou: – Eu, realmente, sinto sempre uma presença favorável ao meu lado, por isso, não me desespero quando algo assim acontece.

– É, somos abençoados, porque só desejamos o bem de todos. – E, então, batendo no ombro do amigo frei, Thomas disse: – Meu amigo, vou à cozinha para ver o que Stunf, cada vez mais prestimoso, conseguiu guardar para eu comer.

– E eu vou andando – comentou August.

– August, vem junto; depois, Stunf te levará ao teu abrigo.

– Abrigo?

– O lugar que te acolhe.

No dia seguinte.

Mark, ao ser apresentado para David, ficou temeroso. Por estar frente a um desconhecido, não teve coragem de pedir a Thomas que saíssem atrás do valor que ele lhe havia prometido.

– Mark, tu fizeste muito bem em entregar os documentos verdadeiros dos Polinski para o nosso reverendo – disse-lhe David. – E, por esse motivo, talvez não sejas colocado na cadeia.

– Na cadeia? Colocado na cadeia? – indagou, com temor, o alemão, vendo que não estava falando com um desconhecedor de leis.

– Não se nos disser qual foi o nome que o bispo Philip usou para a fuga. Sou advogado e te protegerei se, por acaso, os homens do clero te acusarem de algo, desejando vingança.

Mark, extremamente nervoso, baixou os ombros tensos e suspirou aliviado. Desconfiou que nada mais iria receber, mas a melhor coisa que acontecera ali fora, exatamente, ele estar do lado certo agora e não precisar mais temer Isidoro, nem seus comparsas.

Thomas apanhou uma pena para escrever, atento ao que Mark diria. Seu coração batia descompassado de alegria. Quanto bem faria para aquela querida família amiga.

– Podes dizer, Mark – pediu-lhe. – Quero escrever o nome dele aqui.

David apanhou Mark pelo braço e, quando ele se virou para vê-lo, David somente sorriu, então, Mark não teve como escapar, e disse:

– Ele fez os novos documentos com os nomes de Daniel e Marina Sckloc, inclusive usou Daniel porque é seu segundo nome pessoal. Ele levou consigo seu documento verdadeiro e pediu que eu queimasse o da senhora Isabel em sua frente, quando lhe entreguei o documento.

Mark não contou ao advogado que também não queimara o documento de Isabel, porque assim teria outra "carta na manga".

– Muito bem, rapaz! – parabenizou-o David. – Lembra-te de que agora mudaste de lado e não cometas mais esse tipo de coisas, porque também estou anotando o nome que usas em teu documento.

Mark nem havia reparado que o advogado, olho vivo em todos os detalhes, havia pego na mesa, com seus objetos, o documento dele e anotado o que era preciso.

– Thomas, tudo está pronto – confirmou o advogado ao reverendo. – Temos os documentos dos Polinski, o nome do bispo e, finalmente, as anotações que precisávamos. Chama Stunf, que estou saindo com Mark. Stunf já está preparado?

– Estou aqui – falou o rapaz, vindo rapidamente, cabelo para trás quase colado ao crânio, o que lhe dava uma aparência de maior importância para aquela ocasião.

– Vamos lá, Mark – continuou David. – August e Thomas não vão juntos, porque não devem se envolver. É melhor que permaneçam aqui com a senhora Anne.

– Tenho receio de chegar até lá – comentou Mark antes que a mãe de Thomas adentrasse com a camareira, levando copos com refresco.

– Está tudo certo, rapaz – acalmou-o o advogado, batendo-lhe no ombro. – Agora, vamos desmascarar os delatores. Nada a temer, confia em mim.

– Stunf, tu sabes o que temos que fazer, não? – apelou David a ele. E, voltando-se para a mãe de Thomas, disse:

– Bom dia, senhora Anne, e obrigado pelos refrescos – falou depois de deglutir, rapidamente, o conteúdo de um dos copos. – Perdoa-nos porque estamos saindo.

– Ora, por nada, vão em paz.

– Sim, e quero mesmo mostrar a esses padres que eles não compram todas as pessoas.

– Nada deves temer, Mark– novamente falou-lhe Thomas. – Lembra-te do que te disse, isso é para o teu bem.

– Mas gostaria que fosses conosco, reverendo. Por favor – pediu-lhe Stunf.

– Está bem, acompanhar-vos-ei, mas só vou entrar se necessário, pode ser, David?

– Lógico. Mas penso que não será preciso – concluiu o advogado.

Ao entrarem na caleche, Thomas também se assentou com o cocheiro, sob o olhar do advogado, que pensou:

"É, ele não me ouviria mesmo."

Na hora marcada, a porta do gabinete de David foi aberta por um policial e adentraram os três personagens do clero, que se sentaram nas poltronas ali dispostas, aguardando o advogado. As duas testemunhas também ali já estavam. Vendo Mark e Stunf, ficaram aliviados por não estar ali Thomas. Conheciam Stunf, mas quem seria o homem loiro que parecia ser um alemão? A escrivaninha em frente ainda estava vazia. Não sabiam que Thomas permanecia na outra peça, onde esperava para apresentar-se em momento que, se necessário, precisassem dele.

Todos se ergueram quando o advogado, com documentos em mãos, entrou e, em seguida, sentou--se, dando bom dia a todos.

Isidoro não conhecia Mark pessoalmente, mas, mesmo assim, franziu o cenho sem nada perguntar, sabendo que ali, em sua frente, estava o metido advogado. O cardeal Humbert e padre Miguel também não conheciam Mark pessoalmente, mas começaram a pensar que, talvez, fosse ele o defraudador e, mentalmente, imaginavam suas defesas.

David, mistificando, perguntou pelo bispo.

– Onde está Sua Excelência reverendíssima, o bispo Philip?

– O bispo está em viagem, se quiseres adiar esta reunião, não haverá problema, senhor David – quis influenciá-lo Isidoro.

– Ah... sim, está viajando, e garanto que nenhum de vós sabeis onde ele se encontra – sorrindo, comentou o advogado com o ardil de sempre, em todas as suas manifestações.

Mas David, com toda a natureza do advogado perspicaz, como um próprio detetive, nada mais comentou, redarguindo:

– Aqui se encontram Stunf e Mark, que contêm valiosas informações a nos dar e que talvez solucionem, de uma vez, o caso pelo qual estamos aqui reunidos. Bem... iniciaremos sem Sua Excelência, o bispo Philip.

Os três ali olharam-se novamente. Dois deles nada desejaram perguntar, porque sabiam que ouviriam aquilo que não desejariam, mas Miguel, mais jovem e afoito, indagou:

– Que acusação, porventura, tens de nosso estimado bispo, senhor?

– Poderia responder a ti, mas importa, para isso, que ele esteja presente. Muito desagradável seria aludirmos alguém que se encontra "viajando" – David falou a palavra com grande sarcasmo.

– Então, seria melhor nos retirarmos. Para qualquer julgamento, não bastam meras palavras. É necessário que hajam provas – comentou Isidoro.

Os acusados, temerosos do que viria a seguir, olhavam-se, e confirmaram:

– Sim – falou o cardeal.

– Sim – balançando a cabeça em sinal afirmativo, afirmou Miguel.

– É imperativo que permaneçais, pois tenho algumas provas aqui em mãos, além das respectivas testemunhas do que sabem. E com o perdão de meu verbo, o "distinto" senhor não viria, porque, além de abandonar a batina, está usando outro nome, que, aliás, não vos diz respeito.

Os três homens do clero entreolharam-se, interrogativos. O cardeal quase teve uma síncope, encontrava-se com o coração disparado.

– Ora, isso é uma injúria! Estamos indignados!

– esbravejou o cardeal, erguendo-se da cadeira onde estava sentado, incrédulo. – Onde está a prova?

– A prova está conosco e, como já deveis estar pensando, ele, o antigo bispo, está sendo trazido para cá – argumentou dissimulado.

Os três ali, coração aos pulos por estarem sendo descobertos, e ainda mais por um advogado, alteravam-se em cochichos, mas aquilo terminou com a potente voz de David:

– Sei que estais indignados, mas devíeis conhecer bem vosso parceiro do clero. Bem, isso conversaremos com o próprio acusado, assim que ele chegar. O que desejamos hoje é o que a lei ordena.

Os acusados, que haviam falhado fartamente com as regras a que se submeteram quando fizeram seus votos, olhos muito abertos, quase saindo das órbitas, entreolharam-se. Seriam derrotados, teriam descoberto tudo?

– Vós deveis estar cientes, pois vejo a perturbação em vossos olhares; no entanto, todos sabemos que muita coisa poderá vos acontecer. Podereis ser julgados à própria presença do Santo Padre, ao qual muito admiro e, daí para a frente, não sei o que se sucederá com vossa vida. Sou o advogado da família Polinski, e esse é o motivo de estarmos aqui. Peço, agora, que me mostrem os documentos dos Polinski.

– Bem... estão guardados na igreja e, para isso, precisaria de uma ordem da Igreja – argumentou Isidoro, gaguejando e com os olhos muito abertos, tentando fugir dali e ter tempo para uma boa desculpa.

"O que estaria desejando realmente aquele metido advogado?" – pensava Isidoro. – "Descobrira alguma coisa? Mas não poderia provar nada, afinal, o bispo queimava os documentos assim que mandava falsificá-los, e a palavra daquela pessoa de nada serviria."

– Sempre ouvi falar sobre os homens da Igreja, corretos, que se tornaram santos... – comentou o advogado, olhando-os de soslaio e, depois, cerrando os olhos. – Acaso o Santo Ofício esconde alguma coisa? Tu és o responsável, pois és o inquisidor, padre Isidoro... A não ser que haja aqui algo oculto que o homem da lei não deva descobrir... no entanto, temos conosco um cardeal que pode nos fornecer essa ordem.

– Aguardai-me, vou encontrar esses documentos, pois somos corretos – arguiu Isidoro.

Ao lado do advogado, uma senhora, sentada em frente de uma pequena escrivaninha, anotava toda a conversa entre eles.

Isidoro pediu licença e foi com um policial até o Santo Ofício, enquanto ali todos o aguardavam. Na frente do policial, ele procurou os documentos dos Polinski no móvel com dezenas de gavetas, de onde os retirou para levá-los ao advogado. Chegando lá, comentou:

– Olha aqui, senhor advogado. Os documentos originais dos Polinski aqui estão, e em ordem. Eles são judeus e se faziam de católicos, vê aqui em seus nomes... Tivemos de prender esses infratores de nossas leis – Isidoro entregou os documentos ao advogado, com as mãos trêmulas.

O advogado apanhou-os e, olhando, confirmou:

– Não, não estão corretos, porque estes foram forjados. Mark, chega até aqui e vê se reconhece estes documentos.

Todos ali estremeceram. Afinal, quem era Mark? Que informação continha? Sentiam, com aquele chamado, que tudo viria por água abaixo. O que seria deles agora? Com certeza, isso fora coisa do reverendo Thomas. Philip lhes havia dito que mandara queimar os documentos reais, então, o rapaz ali em frente era o fraudador que o bispo sempre procurava?

– Sim, foram esses que forjei a mando do bispo Philip desse condado – consentiu Mark, sentindo-se um herói e gostando do que estava acontecendo.

– Tu não sabes o que dizes, rapazote. Estás mentindo! Mark mente! Ele nem conhece o bispo. Que heresia! – alterou-se o cardeal, em fúria, erguendo-se.

– Stunf está de prova. Conta-lhes, Stunf, o que aconteceu – pediu-lhe o advogado.

Stunf, feliz por estar acabando com aquele bando de maus-caracteres, repetiu tudo o que havia acontecido e finalizou:

– ... E, deixando-o na cama, entorpecido pelo álcool, fui buscar uma testemunha, porque não sabia o que fazer.

– E quem foi... quem foi essa...? – o cardeal começou a tossir em crise nervosa, retirando-se Isidoro para alcançar-lhe um copo d'água, que se encontrava sobre uma mesa lateral.

– Bebe, Eminência, te fará bem – falou o inquisidor, tremendo sempre.

Miguel somente sorria. Olhando para aqueles rapazes, testemunhas de David, ele tramava como anular-lhes a vida.

E resolveu perguntar:

– Quem foi essa testemunha que acompanhou esse rapaz, senhor advogado?

– Isso não vem ao caso, as provas estão conosco.

– Fazemos questão, senhor advogado, queremos aqui essa testemunha! Deve ser outro bêbado ignorante. Todos estão mentindo! – alterado, ergueu-se Miguel, falando em voz tão alta que Thomas ouviu-o da outra sala.

O cardeal ali fazia rumores de engasgo e respirava profundamente, enquanto dizia:

– Estou mal, parai com essa denúncia!

Foi aí que David pediu confidencialmente ao guarda que chamasse por Thomas.

Adentrou Thomas e os três gelaram. Sabiam da personalidade correta daquele reverendo.

– A testemunha fui eu, excelências – declarou o

reverendo, altivo, mas em tom de humildade. – Stunf, como o padre Miguel sabe, trabalha em meu auxílio e tudo veio às nossas mãos por meio de preces intercessoras que pediam a Deus pelos Polinski, esses estimados amigos, tão injustiçados.

– Sim, mas a Igreja deve, sim, castigar todos os fiéis indisciplinados e isso implica os Polinski, que se faziam de cristãos e mentiam – redarguiu Humbert. – Isso se faz para que todos aprendam a adorar a Deus. E todos aceitam com prazer, e até com a própria vida, a disciplina.

– Então, com isso, dizeis que é o clero quem comanda nossa vida, e não Deus? Que a Igreja aplica doses mortais aos que não comungam com a injustiça? Vós sabeis que Jesus veio nos trazer de Deus o ensinamento do perdão. Cada um é responsável por seus atos e pela colheita daquilo que semeia, como Ele nos ensinou. Na vida, atiramos sementes pelo mundo que um dia colheremos. Que sementes de amor atirais? – indagou Thomas, sem alterar a voz na frente deles.

– Bem... é claro que seguimos a Deus, Pai de todos nós – argumentou o cardeal, ainda entre pequenas tosses, sem responder à pergunta de Thomas sobre semeadura.

– Deus não quer mortes em Seu nome, pois enviou Jesus somente para nos ensinar a amarmos uns aos outros, e Vossa Eminência afirma que quem erra contra seu próximo deve ser corrigido e punido por vossas mãos?

Percebendo que aquilo ia fazer com que o cardeal se sentisse pior, Isidoro apanhou uma cadeira, tentando mudar de assunto:

– Senta-te, por favor, reverendo Thomas. Não devemos ficar conversando em pé. Senta-te conosco.

Thomas sentou-se como os outros, mas viu que as testemunhas ainda continuavam em pé. Então, ergueu-se e apanhou mais duas cadeiras em outra sala, oferecendo às testemunhas, que sorriram para ele, agradecidas.

– Esses irmãos estão cansados; merecem sentar-se também. Não é por não terem recebido estudo como nós, não é por terem vindo de famílias simples, que eles não mereçam receber assento, pois todos nos igualamos em espírito, não é mesmo? Todos somos irmãos – comentou Thomas, sentindo a falsidade estampada na face de todos os implicados.

Continuando, o cardeal, que trazia a pele avermelhada, sem poder dissimular o rancor que estava sentindo, argumentou:

– Nós não matamos ninguém, só fizemos justiça; bruxos devem ser apanhados, judeus devem ser banidos! Além do mais, essa conversa não compete a ti! Estamos conversando com o senhor David e não contigo, reverendo – falou ansioso e cheio de rancor o cardeal.

– Tens razão, sou presbiteriano e alguém que vibra contra a inquisição. Como sabes, isso aconteceu anos distantes, mas jamais ficou esquecida a desgraça que deixou lá atrás. Naqueles anos, tua Igreja fatalmente equivocou-se, pois Jesus jamais acusaria alguém, fosse quem fosse, para ser morto em nome Dele – redarguiu calmamente.

– Falais em defraudação – Isidoro comentou para retirar da conversa o reverendo Thomas –, mas não provais isso.

– Ledo engano, temos, sim, os documentos originais – realçou o advogado, aproveitando a ocasião. – Mark não os queimou como lhe pediu aquele senhor.

O advogado levantou-se, levando até eles os verdadeiros documentos dos Polinski.

Olhos abertos, quase saindo das órbitas, o cardeal, alterado, acusou o bispo, pois, não estando este presente, desejava, dessa forma, livrar-se da acusação:

– Bem... isso não é culpa nossa, é coisa do bispo Philip! Lavamos as mãos.

– Mas estáveis todos de acordo com a punição indevida daquela família. O senhor há de convir, Eminência, respondendo à tua acusação momentânea, que estes documentos que trago nas mãos nada mais são que os originais. Dá para ver pelo tempo que têm – afirmou o advogado. – E achei melhor essa reunião convosco, antes de procurarmos o Papa Clemente, porque esse "diretório da disciplina" iria ficar mal perante o Santo Padre.

Os homens acusados estavam brancos como cera e nada respondiam. Ainda argumentou David:

– Nossas testemunhas viajarão conosco. Levaremos em mãos os documentos originais e também os forjados e serão vós todos acusados. Resta-vos serem destituídos de vossos postos e aprisionados. Isso se não fordes condenados por heresia.

Olhos fixos em David, todos gelaram, enquanto que Mark e Stunf, gostando daquele debate, sorriam.

Ninguém dizia nada. Todos os envolvidos do clero ali permaneciam atentos, coração em disparada. Não se ouvia sequer um suspirar. Temiam. O advogado, perspicaz, percebeu a pressão que sentiam os acusados e relatou:

– Mas vejo, por vossas fisionomias, que não desejais que isso venha à tona em Roma...

O silêncio engolia as palavras mentais dos acusados, que não conseguiam se expressar, tamanho o temor que sentiam. Mas, naquele instante, permaneciam "todo ouvidos". O que desejaria deles aquele advogado? Fosse o que fosse, certamente cederiam de mãos abertas.

Então, David expressou-se:

– Se isso faço, é por respeito à Igreja à qual também pertenço. Temos, sim, uma saída. E vos darei uma chance para voltardes atrás.

– E, mesmo que não tenhamos culpa, qual essa oportunidade que nos darás? – indagou Isidoro, erguendo-se, face avermelhada, agora pelo nervosismo, totalmente alterado, mas procurando controlar-se perante o advogado.

– Ora, é simples: "Para isso, retirai agora os

Polinski da prisão, restituí todos os seus bens, terminando de uma vez com o Santo Ofício, essa farsa acabada há tanto tempo. E mais uma coisa, ide assinar agora este documento ao Papa, como relatório da semana, que diz que libertastes Mathias, porque foi provado nada haver contra sua pessoa.

Todos consentiram com a cabeça.

– Como sabeis, a inquisição já não está mais sendo aceita nesses tempos modernos. Assim, ficaremos em sigilo, mas guardaremos as provas caso volteis atrás – afirmou David.

– Aceitamos tua proposta, advogado David – respondeu por todos o cardeal.

– Eu, em nome da lei, estou aqui para desfazer esse equívoco e assim o faço. O caso será abafado no momento em que o Santo Ofício assim agir. Assinarão como testemunhas esses dois senhores – referiu-se a Stunf e Mark.

Abriu uma pasta, retirando dela alguns documentos para serem assinados, e concluiu:

– Desta feita, todos os inocentes serão libertos e lhes serão restituídos os valores.

Isidoro gelou, reclamando:

– Com isso não deves te preocupar. A Igreja sempre tomou conta de todos vós, desde o princípio dos tempos, e o bispo Philip...

– Bem, esse já não mais existe. Morreu para todos, agora tem outro nome – afirmou David. – Agora desejo que assineis aqui esta via para inocentar os Polinski, a segunda é para frei Mathias.

– O frei fugiu da prisão, está longe. Nada moveremos a respeito dessa pessoa – afirmou o cardeal.

Thomas olhou para o advogado e sorriu. Interiormente, ele agradecia a Deus por tê-lo encaminhado ao amigo advogado: "Nada poderia ser feito sem Vós, meu Deus. Obrigado". Estava tudo se encaminhando da maneira como se esperava. Então, sorrateiramente, perguntou:

– Senhor David, perdoa-me se a pergunta que irei fazer não condiz com esse assunto, mas... quando está programada sua ida a Roma?

– Pretendia ir ainda nesta semana, reverendo... a não ser...

Os três do clero entreolharam-se, mas o Cardeal, erguendo-se, como que soletrou lentamente cada uma das palavras:

– Mathias... será... absolvido... ainda hoje, senhores.

– Quem assinará primeiro? O senhor, cardeal? – indagou-lhe David.

– Sim, dá-me a petição.

– Então, vejamos. Temos quatro documentos para assinar: o primeiro é a carta de liberdade aos Polinski, o segundo, o pedido de soltura de Mathias, o terceiro, ao Papa Clemente, comentando o engano sobre a prisão daquele amigo. A quarta assinatura é para o advogado de Polinski, no caso, a minha pessoa, para apanhar os bens e devolvê-los aos próprios donos.

Humbert ergueu-se da cadeira, indagando:

– Que garantias me darás de que isso ficará só entre nós?

– Ora, Vossa Eminência, tudo estará nestes papéis que assinareis. Uma cópia para vós, uma para o advogado: absolvição de Mathias, liberdade aos Polinski, devolução dos bens e o final dos poderes inquisicionais.

– Mas e os ciganos que aqui estão?

– Liberta-os!

– A balburdia sucederá, senhor!

– Deixa-os a cargo da polícia, como deve ser. Abre as portas da prisão aos poucos, mas, até o final do dia, esse lugar deverá estar vazio e lacrado. Lembra-te, eu faço parte da lei.

– Ora, mas não é que houve mesmo um engano quanto aos Polinski? Passou-nos despercebido – Isidoro representou seu papel mistificador diante dos outros dois cúmplices, que se calavam.

Isidoro fez-se de inocente e, para não se envolver também, lavrou a sentença em frente da autoridade, depois do cardeal, como se tivesse acontecido um engano aos poloneses cristãos e, enquanto Miguel fazia o mesmo, Thomas chamou Isidoro de lado, perguntando o paradeiro de Philip.

– Olha, Thomas – disse Isidoro ao reverendo –, do bispo eu, sinceramente, nada sei.

– Ele tem alguma casa fora daqui?

– Não que eu saiba, mas para que iria ter outra casa? Se a teve, deve tê-la doado à Igreja quando fez seus votos – olhou para Thomas com um sorriso malicioso, como se quisesse firmar onde estava o bispo e em que braços se abrigava.

Thomas virou a cabeça enojado, sabendo que Isidoro, mancomunado com o mal, sabia sobre o bispo e Isabel.

Após todos os documentos terem sido assinados, David, acompanhado de Thomas, foi com os acusados até o local que chamavam de Santo Ofício, enquanto Stunf e Mark aguardavam para retornarem à residência do reverendo. Chegando lá, Isidoro chamou alguns guardas que ali estavam, entre eles o guarda Rustling, para apanhar os Polinski na prisão. Demorando alguns minutos, apareceram eles com o casal de poloneses.

Frederick Polinski, auxiliando sua esposa, que vinha caminhando a passos lentos, não sabia o motivo de os estarem chamando e, assim que colocaram o olhar fixado em Thomas, seus olhos encheram-se de lágrimas. Edith, abraçando-se no reverendo, bem mais magra e envelhecida, somente chorava, não entendendo aquela reunião. Iriam ser sacrificados à frente de todas aquelas testemunhas? Mas seu extremado defensor, acompanhado com aquele conhecido advogado, deveria estar ali para defendê-los. Indagavam-lhe isso com o olhar, sem sequer abrirem a boca.

E o bom reverendo, atendendo à expectação do casal, confirmou:

– Sim, senhor Frederick e senhora Edith, vós estais livres!

A felicidade daquele casal, ao sentir-se livre, era extrema. Frederick Polinski abraçou Thomas, dizendo-lhe:

– Muito obrigado, Thomas. Tiraste-nos do inferno!

– E Isabel, nossa filhinha? – indagou com o olhar tão cheio de dor a senhora Edith, que Thomas jamais pôde esquecer em sua vida, quando relembrava o fato.

– Nada ainda sabemos, mas temos um rastro para seguir.

O casal o abraçou, feliz, e Mark fez menção de sair, mas Thomas lhe perguntou, olhando para o casal:

– Mark, não esqueceste de nada?

– Hã...?

– Não vais livrar teu coração e dar a grande alegria para os pais de Isabel?

– Ah, sim... – falou sem jeito – bem, senhores, tenho a dizer que o bispo, ao fugir, trocou seu nome por outro. Esse é o rastro que temos. Agora, chama-se Daniel.

– Irineu está voltando, afirmou-nos por carta – comentou Thomas. – E penso que não devemos dizer-lhe o novo nome daquele que raptou sua esposa.

– Sim, porque, se ele souber, irá matar o bispo, Thomas. Aí a pobrezinha não verá mais o esposo, que será condenado.

– Penso que essa conversa terá de ser realizada por mim, senhor Polinski, contudo, Irineu precisa acompanhar-me – afirmou o reverendo.

– Mas como descobrir esse homem? Um nome... nestas terras distantes... – indagou Edith.

– Senhora, se prestares atenção, Deus já nos está abrindo as portas. Vê, estão voltando ao lar. Precisamos ter fé na bondade divina!

– É mesmo, reverendo, estamos voltando para casa e devemos agradecer a Deus, mas jamais voltaremos à igreja aonde íamos.

– Na realidade, como nos disse Jesus, o Reino

de Deus está dentro de nós, e isso é o importante. Certamente, logo tudo mudará por aqui. Esses mesmos padres do clero não mais ficarão neste lugar, depois de tudo. Mathias, certamente, voltará, e a paz retornará nesta cidade.

Os Polinski, na carruagem, contaram tudo o que passaram. Thomas os ouvia sem nada dizer, até que perseverou:

– Mas tudo será esquecido logo, não é? Porque devemos nos lembrar, nessa hora, do que aprendemos com nosso Mestre Jesus. Temos de agradecer as bênçãos de Deus e saber perdoar.

– Esquecer? Será que poderemos? Pensa em tudo o que nos fizeram, Thomas – disse Frederick.

Antes calado, o advogado, que os acompanhava na carruagem, redarguiu:

– O trato que fizemos com eles, senhor Frederick, foi de que isso tudo será esquecido. Abrir ações não nos trará garantia de que essa inquisição que eles criaram, por meio da qual retiravam os valores das criaturas, não voltará. Precisamos manter nossa palavra e, além disso, assinamos documentos.

– Foi dessa forma nossa libertação?

– Sim. De outra forma, teria nos sido negada. Ah... vossos documentos estão comigo.

David entregou os documentos originais ao casal, que sorriu, procurando fazer com que as lágrimas não deslizassem em suas roupas.

– Na minha concepção, como religioso, digo-vos que, lá no fundo de minha alma, algo me diz que tudo já estava programado pelas leis universais, e que precisaríamos passar por esses delitos... o rapto de Isabel, essa prisão sem nexo... há muitas coisas entre o Céu e a Terra que não entendemos, porque é como se eu já tivesse vivido algo terrível assim. O terror ao fogo me assola, as prisões, de certa forma, aterrorizam-me...

– Reverendo, dize-me, nossa casa está abandonada?

– O que sei é que alguns servos não saíram de lá. Estavam sendo alimentados por Isidoro. A casa seria vendida com o retorno de Philip, mas... as coisas mudaram de rumo, não foi?

Todos sorriram e os Polinski, muito gratos a Thomas e David, foram deixados no lar, para a imensa felicidade dos servos, que os receberam com palmas e muita alegria.

Stunf e Mark iam a pé. O primeiro, feliz pelo sucesso em sua boa ação. E Mark, feliz por ter se livrado da vingança de Isidoro. Stunf, afinal, fizera um bem: ajudara a libertar Mathias, aquele frei inocente que, sem o desejar, prejudicara tanto.

Mark, no entanto, não era santo, como sabemos. Desejava mais dinheiro. Será que entregaria os documentos de Isabel? Será que Thomas o recompensaria quando chegasse à sua residência?

Capítulo 12

Na aldeia próxima aos Alpes

"É na vossa paciência que ganhareis as vossas almas."
Jesus (Lucas 2:19)

ENQUANTO ISABEL ALIMENTAVA NA ALMA O DESEJO de saber a verdade sobre sua vida, havia uma parte de sua memória que estava adormecida, mas, pouco a pouco, algumas lembranças começavam a voltar. Temia aquele homem que se dizia seu esposo, muito mais velho que ela, que a olhava com olhos de desejo, mas que não conseguira amar. Alguma coisa estava errada em sua vida.

Os dias continuavam passando e, com alegria interior, Philip, entusiasta, acreditou estar, finalmente, sendo amado por Isabel. Resolveu escrever aos padres, amigos da antiga localidade, Miguel e Humbert, contando sua feliz vida nos Alpes. Achava que, depois de tantos meses, nem se lembrariam mais do sumiço da jovem. Talvez, os Polinski já estivessem mortos e precisava ter notícias de lá. E assim o fez.

Ainda perturbada pelo tombo que levara, Isabel não conseguia, por mais que tentasse, lembrar-se de sua verdadeira vida. Suas pequenas lembranças eram como um sonho. Então, chorava e era acalentada por Philip, que lhe dizia que tudo não passava de um sonho mau.

Um dia, na cidade, Philip encontrou um médico psiquiatra, com o qual manteve uma conversação interessante em um bar local e veio a convidá-lo para uma ceia em sua própria casa. Doutor Anderson começou a frequentar a casa de Philip, que estava preocupado com os "sonhos" que sua esposa Marina dizia ter, depois do tombo que acontecera.

Muito timidamente, ela falou sobre esse assunto com o médico, na frente de Philip, que se perturbou e disse ao doutor que tudo era bobagem dela, e que eram somente pesadelos que não a deixavam livre. Percebendo como Philip ficara quando estavam tratando daquele assunto, o médico interessou-se pelo caso e, verificando a ausência do esposo na residência todas as tardes, até certa hora, quis ajudá-la e, assim, começou a fazê-la se lembrar de alguns fatos.

– Doutor Anderson, tenho leves lembranças de um esposo que eu muito amava, de meu pai e de minha mãe... e da perseguição de um bispo odioso. – Nesse momento, começou a tremer e a chorar, e acabou gritando: – Vê o senhor como fico... Sinto cólicas estomacais quando me lembro desse homem, mas não consigo me lembrar de sua face.

– O que essa pessoa tem a ver com seu passado?

– Vejo-o perseguindo-me e fico doente... Mas há alguém que me auxilia. Um reverendo... ele se chama Thomas. Isso eu tenho sempre na lembrança.

– Conheço um reverendo com esse nome, muito famoso por sua capacidade de resolver os problemas da população. Thomas da Inglaterra, para ser mais claro, de Tunbridge.

Isabel colocou a mão no peito e disse:

– Sim... é ele, da Inglaterra. Ora, sinto que sou de lá, que vim de lá. Mas como não me lembro do resto? Não me lembro de ter casado com Daniel, tão mais velho do que eu.

– Procura lembrar-te da face desse bispo, talvez, tua razão volte.

– Não consigo. Algo em mim bloqueia aquela fisionomia.

– Marina, isso é necessário, minha filha. Volto amanhã a Tunbridge, Inglaterra. Perdoa-me por fazer-te voltar àquele "sonho", mas, decerto, logo estará tudo bem. Penso que isso que tens é um passado que procura vir à tona. Todavia, gostaria que nada dissesses a Daniel, teu esposo. Infelizmente, para te ajudar, seria necessário mais tempo. Peço-te que procures lembrar-te da face desse bispo, talvez tua memória volte.

– Isso me faz muito mal, sinto falta de ar e meu coração dispara.

– O tempo te auxiliará. Sei que teu esposo não quer nem saber disso, porque o correto seria procurar um bom médico – falou, estendendo a mão para despedir-se.

– Vou tentar falar com ele sobre isso. Obrigada, doutor Anderson. Uma boa viagem.

Por todo o caminho, o médico ia pensando qual seria a ligação daquela jovem com Thomas. Era certo que ele devia conhecê-la. Quando chegar lá, talvez o encontre e, quem sabe, venha a descobrir informações que possam ajudá-lo a curar a bela e inocente jovem.

Dias se passaram. Gertrudes, a serviçal, olhava atravessado para a dona da casa. Pensamentos iam e vinham... Como que um homem bom como seu patrão fora casar-se com uma moça tão jovem e frívola daquelas, que passava o dia com o olhar distante, como se esperasse por alguém? Devia ser aquele homem que ela aguardava. Tinha em mente que sua senhora estava envolvida com aquele visitante.

No último dia em que doutor Anderson esteve lá, a serva tentou ouvir o que diziam, mas, com a porta cerrada, só pegou estas palavras: "Mas gostaria que nada dissesses a Daniel...".

Jovem viúva, envolvida em uma paixão por Philip, que não lhe saía do pensamento e que era muito atencioso com ela, Gertrudes procurou colocá-lo a par do que tinha ouvido atrás das portas antes de o médico partir. Pensava que, se ele soubesse disso, talvez abandonasse Marina. Gertrudes não estivera junto à ceia com eles naquele primeiro encontro com o médico psiquiatra, portanto, ao abrir a porta para o visitante das tardes, não sabia quem ele era. Jamais imaginara que o visitante era o médico psiquiatra que havia sido convidado por seu próprio senhor e que, agora, vinha prestar auxílio à sua patroa.

– Senhor – falou assim que ele chegou do trabalho –, penso que deveis saber do que está acontecendo aqui...

– Ora, mas o que é que está acontecendo, Gertrudes?

– Não sei se deveria contar... afinal, ela é vossa esposa.

Philip ficou rubro de ódio e, em sua cabeça, como que descobriu o que iria ser dito, então, fez-se de desinteressado e sentou-se para fazê-la retirar suas botas. Ela aproveitou a oportunidade para acariciá-lo na face antes de tirar-lhe as botas.

– Sois uma pessoa tão especial... merece alguém que vos respeite.

– Aqui, todos me respeitam, Gertrudes, começando por ti – falou, esparramado na poltrona, assistindo-a, ajoelhada no piso, a puxar-lhe as botas.

Começou, então, a analisar suas faces, sua postura elegante, apesar do seu peso, e sorriu para ela, sabendo que ela o amava.

– Dize-me, Gertrudes, quem achas que aqui não me respeita?

– Bem... é sobre as tardes, enquanto a senhora está só...

– O que acontece enquanto ela está só?

– Bem... só vou falar porque o senhor me pede. Ela recebe um homem todas as tardes.

Gertrudes não quis contar que ele agora não viria mais.

– E quem é ele? – fazendo-se de muito seguro, mas explodindo por dentro, indagou o antigo bispo.

– Bem... não ficava junto com eles, porque tenho meu trabalho a fazer, somente ouvi o que ele dizia numa dessas tardes...

– E o que ele dizia realmente? – ergueu-se da poltrona Philip, já ansioso.

– Ele dizia a ela que nada contasse para seu esposo e, como sabe o senhor, ela é uma moça inocente...

Lembrando-se de que Irineu poderia tê-la descoberto, Philip encheu-se de ódio e subiu as escadas atrás de Isabel.

Isabel olhava para as montanhas, respirando o ar gélido que de lá chegava. Tentava lembrar-se da face do bispo nas poucas lembranças que lhe vinham à mente.

– Não consigo – dizia para si mesma.

Então, atrás de si, ouviu uma voz forte, agressiva e rude:

– O que não consegues, mulher? Esquecer-te do maldito? – redarguiu ele, apertando seu braço e sacudindo-a.

Isabel estremeceu e, virando-se, deu de cara com aquela face que não conseguira antes relembrar. Os mesmos olhos, o mesmo tom de voz.

– O quê? Não! Sai daqui, bispo Philip! O que estás fazendo aqui? Era o senhor todo o tempo? Socorro!

Todo o passado voltou à sua lembrança, e ela desmaiou.

Daquele dia em diante, sua vida mudou completamente. Ela se lembrou de tudo, e o bispo a manteve prisioneira até ela dar à luz. Gertrudes, satisfeita com o que tinha acontecido, procurava fazer todas as vontades do bispo para cativá-lo e conseguiu, sem deixar de tratá-lo com senhoria.

– Senhor, pobre da senhora desta casa, enlouqueceu de vez. É por isso que está presa naquele quarto?

Philip nada respondia, mas andava armado, caso Irineu aparecesse por lá.

Com a assistência de Gertrudes, Isabel deu à luz uma menina. Estava magra e pálida, mas serena, pois lembrara-se de Thomas em suas preces, as mesmas que ela sempre fazia com seus pais quando sentia na pele a aproximação do medo, do receio, do terror; nesse caso, a presença do vilão que a raptara.

Ao nascer, o bebê foi logo afastado da mãe para ser cuidado por uma ama de leite do próprio vilarejo. Mas isso não significava que Philip voltaria a cobrar dela a antiga união. Cheio de ódio, depois de toda atenção que lhe dedicara, agora se voltava para Gertrudes, para receber as carícias que Isabel lhe negara. A pobre filha dos Polinski ficou aprisionada e chorosa, com um único alento: a visão daqueles montes que se enchiam de neve e, em outra estação, de verdes gramas e flores silvestres. Sair de lá? Não poderia. Então, procurou lembrar-se do endereço dos pais.

Gertrudes prendia-se a Philip sem saber a verdade sobre sua vida, porque, na realidade, ele simplesmente aparecera ali com aquela jovem e nunca lhe dissera de que lugar vieram. Mas um dia, muito meiga, perguntou-lhe:

– De onde viestes era frio assim?

– Ora, toda a Europa é gélida no inverno. – E, para mudar de assunto, indagou-lhe: – Já apanhaste minha filha na ama de leite?

Não sendo ignorante, Gertrudes fez questão de descobrir mais sobre aquele homem misterioso, que jamais comentava seu passado. Então, um dia, quando ele foi chamado com urgência por um servo no campo para resolver problemas com suas cabras, Gertrudes foi até o quarto onde Philip guardava seus objetos pessoais. Com uma tesoura, tentou abrir a gavetinha sempre chaveada, onde ele guardava seus documentos, mas qual não foi sua surpresa quando viu que, com a pressa em sair, ele a esquecera aberta.

Impulsivamente, e muito ansiosa e ciumenta, a mulher vasculhou tudo o que ali estava guardado, com o coração aos pulos. Muito preocupada com o que encontraria, descobriu o documento original com o verdadeiro nome do bispo Philip de Bristol.

– Meu Pai, ajudai-me! Esse homem é um herege, um bispo!

Foi aí que as coisas mudaram. Subiu as escadarias e procurou libertar, com a chave que encontrara na gaveta, a pobre jovem mãe. Encheu-se de desprezo por ele, por ser muito religiosa, e tentou ajudar Isabel.

Subiu até o dormitório, onde, sentada na poltrona, Isabel lia um livro, com grandes marcas de olheiras em sua face.

– Senhora... – apiedou-se dela – olha só como vos encontro... Nunca mais havia subido aqui, pois vosso esposo me proibiu.

Isabel parecia nem ouvi-la. Seus olhos, quando a viram, somente derramavam lágrimas.

Gertrudes a abraçou, mentalmente pedindo-lhe desculpas, e disse-lhe:

– Contai-me, minha menina, que prometo vos ajudar. Contai-me toda vossa vida, enquanto vosso esposo não está.

– Para me entregares a ele? Não confio em ti, Gertrudes. Ele disse que me entregaste, dizendo que eu estava com outro homem aqui, todas as tardes.

– Oh, perdoai-me. Achei que seria correto ele saber.

– Era o médico que esteve aqui naquela ceia e só

queria ajudar-me a recuperar a memória. Baixando a cabeça, Gertrudes penalizou-se muito dela e resolveu ajudá-la.

– Senhora, não sabeis como estou arrependida disso. Mas agora desejo vos ajudar.

– Minha filha... como está minha filha? Já faz dois meses que tive essa menina e não a conheço.

– Oh, também sou mãe e sei o que é não ver um filho amado. Mas agora vou descer, ele não deverá me apanhar aqui. Prometo vir todas as tardes e trazer alimentos e, se possível, sua filhinha.

– Farás isso? Mas posso pedir-te outro favor?

– Sim, menina, podeis. Mas se for para escrever, eu não sei... não adianta. Quereis avisar vossa família?

– Sim, e meu verdadeiro esposo. Traze um papel, que eu mesma escreverei a ele.

– Bem... vou conseguir papel, sim... olha, vosso... não sei o que dizer, estou horrorizada, mas o senhor Daniel deve estar chegando. Vou descer.

Philip, ao chegar a casa, foi direto ao gabinete, pois se lembrara da gaveta aberta, e descobriu que Gertrudes havia estado ali quando notou que os documentos estavam em ordem diferente da que havia colocado lá. Então, sem nada dizer, chamou-a, dizendo-lhe:

– Gertrudes, estiveste abrindo a gaveta de meu gabinete?

– Eu? Não, não faria isso. Vós mesmo dissestes que não era para bisbilhotar lá... Aconteceu alguma coisa?

– Não, não aconteceu nada.

Todavia, o antigo bispo notou a mudança de sua atitude. Estaria ela mentindo? Então, passou a caminhar de um lado para outro. E se Gertrudes tivesse descoberto sua verdadeira identidade? – perguntava-se. – Mas por todos esses meses ela lhe fora tão fiel... via em seus modos, em sua maneira de tratá-lo, que ela estava apaixonada por ele. Notava seus olhos ternos quando tirava suas botas e o servia com quitutes feitos por ela própria. Seduzindo-a, teria uma aliada. E foi o que fez.

– Subiste para ver a senhora? – indagou-lhe.

– Na... não. Quereis que eu suba?

– É que ela deve estar com fome e seria melhor que comesse alguma coisa, afinal, estamos por viajar por alguns dias. Hoje, estou cansado.

Vendo seu olhar estupefato, Philip ali descobriu que Gertrudes sabia tudo sobre seu passado e, muito inteligente, pensou em cativá-la para tapar-lhe a boca. E, acariciando-lhe o rosto, perguntou-lhe:

– E quanto a nós?

– Como? – indagou, ansiosa, Gertrudes.

– Nós, eu e você. Estamos enamorados. Sim, Marina está sendo nosso empecilho, e estou enamorado de ti, Gertrudes – disse afagando-lhe a face com as costas da mão. – Que faremos com ela? Serias capaz de amortizar seu sofrimento?

– Senhor!

– Sei que me amas, Gertrudes, mas será necessário fazer alguma coisa para terminar com o sofrimento daquela pobre criança, então, poderemos pertencer um ao outro...

– O que dizeis, senhor?

– Será muito fácil... a família dela já se foi, e ela está desaparecida do mundo... louca!

– Está assim pela falta da filha, senhor – olhou--o temerosa, pois via que ele tinha notado que ela mexera na sua gaveta que continha documentos. – Aliás, terei de viajar, senhor. Não poderei mais ficar aqui.

– Ora, farás isso comigo? Me deixarás com esse "empecilho"?

Vendo nos olhos da governanta que ela descobrira tudo e que, talvez, Isabel tenha feito contato com a família, olhou-a friamente e, retirando a mão de seus cabelos, abordou-a secamente:

– Cara senhora Gertrudes, antes que te vás, faço-te um último pedido. Vai até a cidade pela manhã para trazer-me algumas ferramentas. Poderias fazer isso? Amanhã, na volta, falaremos. E esqueçamos o que eu disse aqui.

A mulher arregalou os olhos, imaginando a pobre esposa necessitada acima. E continuou o antigo bispo:

– Cuidarei da donzela louca hoje, e amanhã conversaremos.

Assim, quando Gertrudes voltou no dia seguinte, havia grande silêncio. A casa estava vazia.

Capítulo 13

Os milagres são obras da fé

"Assim, cada um de nós dará contas de si mesmo a Deus."

Paulo (Romanos 14:12)

DOIS ACONTECIMENTOS FORAM IMPORTANTES para o sucesso da libertação dos Polinski: o encontro de Stunf com Mark, que fraudava os documentos para o clero, foi o primeiro. Querendo Stunf fazer algum bem, já que tanto errara entregando Mathias ao Santo Ofício, ele atraíra, com sua mente, exatamente Mark, o servidor de Philip. E outro fato foi Thomas ter ido à casa de David, desejando-lhe fazer uma pergunta, e terem eles esse maravilhoso final; porque jamais Thomas poderia retirar os Polinski da reclusão em que estavam sem um advogado e foi procurá-lo sem se conscientizar disso. E procurou logo o amigo que gostaria exatamente de receber essa causa para livrar aquela família, cuja filha, Isabel, era tão amiga de sua cunhada Mary, a irmã de Thomas.

Tudo se encadeava, porque a oração de amor, em favor do bem, unida à vontade firme, consegue aquilo que chamaremos de "os pequenos milagres". Todas essas coisas, que poderíamos chamar de coincidências, foram os resultados da fé.

Dias depois, chegava o cavalariço Sebastian àquela cidadezinha. Já fazia quase um ano que tudo acontecera e, conforme o combinado, ele levaria uma correspondência em mãos ao cardeal Humbert, mas ficara terminantemente proibido de dizer a quem quer que fosse o endereço do remetente, a não ser se algo grave estivesse acontecendo.

Sebastian chegou satisfeito e, depois de ter estado com sua família, apanhou a correspondência em rolo, levando-a ao cardeal. Quando Sebastian colocou o rosto dentro do ambiente com a porta entreaberta, os mancomunados com o mal comentaram em voz alta:

– Olhai quem chegou!

Todos se levantaram para saber das novidades

– Sebastian, que bom que vamos saber de Philip! Quando ele voltará? – indagou-lhe o cardeal Humbert.

– Voltará? Ora, esquecei a Vossa Excelência. Ele não voltará jamais!

– Como? Mas ainda não passou aquela "doença dolorosa" dele? – comentou Humbert a respeito do clandestino amor de Philip.

Aí verificaram que o advogado havia sido muito esperto quando disse que Philip já estaria voltando naqueles dias; e eles haviam caído direitinho com a tática dele.

– Aquilo não passará, é uma verdadeira obra do...

Sebastian ia dizer do mal, sim, e por que não? Fora, sim, o plano inferior que tomara, pouco a pouco, as belas qualidades morais daqueles quatro homens invigilantes. Homens que não sabiam amar verdadeiramente seu semelhante e que viviam enredados pelo poder, fascinados pela matéria.

– Cala-te! – ordenou o cardeal. – Entrega-me já essa correspondência que vejo em tuas mãos e some!

E, se falares alguma coisa a alguém, já sabes qual será teu fim, não sabes?

Sebastian saiu de mansinho, deixando a correspondência nas mãos do cardeal, que lia e se deliciava com o que estava lendo, comentando maliciosamente para os companheiros ali, com esses termos:

– Nosso bispo ficará mais algum tempo por lá e, se não melhorar dessa "doença", talvez não volte – comentou sorrindo. – Mas esperemos que retorne sua razão daqui a algum tempo, para que possamos gozar de sua agradável amizade. Lede, "meninos" – pediu-lhes, entregando a correspondência nas mãos de Isidoro. – E não nos mandou o endereço esse malandro, mas teremos como "apertar o cavalariço".

Daí por diante, a vida dos Polinski, agora libertos, modificou-se muito. A prisão, a que foram submetidos, havia reformulado suas maneiras, não com revolta, mas com o amor às coisas realmente importantes da vida, incluindo as verdadeiras amizades, a apreciação aos servos da casa, a natureza, o carinho aos animais, o extremo agradecimento aos amigos que tanto fizeram para estabelecerem com eles a certeza na vitória. Às pequenas alegrias somavam o retorno de Irineu e seus pais à cidade e a atenção do primo polonês, que também voltava. Tudo isso era festa àqueles olhos, antes sofridos e desesperançosos. Oravam agora tanto quanto no tempo em que estavam reclusos, porque tinham a certeza de que um dia Deus olharia para baixo e os faria ver que a vida poderia ser bela novamente com o retorno da filha querida; e o positivismo e a fé real os salvariam de fato.

Até que as coisas voltassem ao normal, foi difícil aos Polinski arrumarem a casa que receberam de volta, depois de semanas. Então, apoiaram-se na residência de Mary por alguns tempos, pois Irineu ainda não voltara do cansativo circuito em busca do tal bispo, de quem ninguém ouvira falar.

Os pais de Isabel, retornando à sua residência, instalaram-se com o auxílio de Mary e da senhora Anne, no intuito de preparar a casa como estava antes, aguardando a volta da filha amada. Muitas coisas ali tinham desaparecido, os quadros e as tapeçarias importantes haviam sido vendidos e, mesmo nada contendo nas paredes frias e livres de objetos de arte, a felicidade lhes parecia indefinível. O cocheiro também voltara, e agora aguardavam com fé somente por Isabel. Valorizando mais as coisas simples e alimentando na alma a certeza de que Thomas, que havia nascido na Terra para ajudar o mundo, deveria ser seu instrutor religioso das leis de Deus, eles começaram a frequentar aquela igreja presbiteriana.

Quando Thomas e August embarcaram Mark no navio, este partiu com a consciência tranquila, deixando, com alegria, os verdadeiros documentos de Isabel com a família Polinski. Completamente modificado, procurando agora ser correto com a vida para manter a paz conquistada, Mark partiu feliz.

Dias depois, Irineu chegou de volta a Tenbridge e seu pensamento dirigiu-se a Thomas, indo até lá para saber das novidades. O amigo reverendo arrumava sua valise para buscar Elisa em Oxford.

Thomas desceu as escadarias com a valise, quando foi avisado da presença de Irineu e o abraçou fraternalmente, levando-o ao gabinete para conversarem. Antes que Thomas perguntasse se ele soubera alguma coisa de Isabel, Irineu indagou-lhe:

– Quais as novidades que tens a respeito de minha esposa? Porque eu não tenho nenhuma – confirmou com a face consternada. – Thomas, estou cansado, extremamente cansado de andar por todos os locais e países próximos à procura de minha esposa e do bispo e vim aqui para dizer-te que vou parar por um tempo. Quero voltar a trabalhar, pois preciso de dinheiro antes de recomeçar.

– Não desanimes, meu irmão, já temos uma novidade.

– Novidade? Qual, Thomas? Dize-me! – passou a mão pela testa para retirar o suor que sentiu escorrer, apoiando-se ansioso na ponta da cadeira, como a chegar mais perto do amigo reverendo para ouvi-lo melhor.

– Descobrimos o nome que o bispo usa para se esconder.

Irineu estremeceu e assentou-se melhor na poltrona, com o chapéu nas mãos. Aí desabafou, pedindo com fundo suspiro:

– Por favor, conta-me.

– Está usando o nome de Daniel e mudou o nome de Isabel para Marina.

– Daniel? Marina? O bispo? Será possível? Isso é de fonte segura?

– Sim, pelos documentos deles, que o rapaz que estava hospedado aqui, meu hóspede, fraudou para o bispo. O bispo havia lhe pedido para queimar os documentos reais, porém, Mark, que não é de seguir ordens, não os queimou para tirar novas vantagens dos necessitados, caso necessário. Mas não faças essa cara, ele nos entregou os reais documentos de Isabel e de seus pais, que não havia queimado.

Thomas olhou para o relógio. O trem em que viajaria partiria dentro de instantes, e Elisa, desta vez, terminaria com ele se não fosse.

– Estou preocupado, porque não posso deixar Elisa me esperando. Marquei, desmarquei, marquei novamente, mas, desta vez, não posso falhar.

– Sim, tens razão. Eu te levo até a estação – comentou Irineu, baixando a cabeça. – E muito te agradeço por tudo o que foi feito até agora. Soube que os Polinski ja estão instalados. Vou logo até lá. E Deus te recompensará por tudo o que fazes ao ser humano, Thomas, defendendo-os sempre.

– Reverendo, há uma pessoa que precisa vos falar – avisou-o Stunf, batendo antes na porta.

– E quem é?

– Apresenta-se como doutor Anderson Lindport. Mando-o entrar? – explanou Stunf.

– Doutor Anderson... o conheces, Irineu?

– Não, meu amigo, não o conheço.

– Ouvi falar sobre ele, mas não estou me lembrando quem seja – e, dirigindo-se a Stunf, pediu-lhe. – Traze-o aqui, Stunf, seremos rápidos.

Thomas colocou novamente a valise no chão, sobre o tapete, e pediu que o esposo de Isabel se sentasse novamente, quando adentrou no gabinete o doutor Anderson.

– Uma boa noite, reverendo Thomas. Perdoa-me por chegar assim, sem seu convite.

– Boa noite, doutor Anderson – cumprimentou-o o reverendo, erguendo-se e apresentando-o a Irineu –, por favor, senta-te conosco. Esse é nosso amigo Irineu.

Acomodou-se o médico com um sorriso e iniciou:

– Bem... penso que o assunto que trago aqui talvez não te interesse, mas sabendo que procuras sempre ajudar a todos, refleti que poderás fazer alguma coisa por uma pessoa que me deixou muito preocupado. Contudo, vejo que irás viajar – falou, vendo a valise de Thomas próxima aos pés da mesa. – Não estarei importunando?

– De que se trata? Um reverendo sempre deve ter ouvidos para todas as pessoas.

– O senhor Irineu não ficará enfadado em ouvir o que vou dizer?

– Não, doutor, ficarei quieto ouvindo, porque, na realidade, estou descansando um pouco. Cheguei agora de viagem – explicou Irineu.

– Pois bem, reverendo Thomas. Andando pelos Alpes, cheguei até a um lugarejo onde conheci certo senhor, cuja esposa, muito jovem, está com a mente abalada. Quer se recordar de seu passado, sem, entretanto, conseguir. Tentei ajudá-la indo lá às tardes, porque o esposo, homem bem mais velho que ela, é muito ciumento, e quando ela me contou, na frente dele, de seu esquecimento, senti que ele não quer que ela se recorde do passado. Mas vim até aqui, porque a única coisa de que ela se lembra é do seu nome. Quem sabe, se for até lá, poderá auxiliá-la?

Thomas ergueu a cabeça atento e indagou:

– Como é essa mulher? O que houve com ela? Conheço aqueles lugares, onde estive visitando há muito tempo. Mas não conheci nenhuma mulher casada com alguém bem mais velho, como dizes.

– Ela tem a pele bem clara, os cabelos castanhos e os olhos doces e ternos sob belas e firmes sobrancelhas.

Irineu sentou-se mais à frente na poltrona, como a tentar ouvir melhor. Seria possível a notícia sobre Isabel chegar até eles dessa forma? – mas continuou ouvindo. E Doutor Anderson seguiu a dizer:

– Sei que ela não é feliz. Sofre muito e está desmemoriada, mas tem pressentimento de que algo terrível lhe aconteceu. Algo de que não consegue se lembrar.

– Como se chama essa mulher? Sabes o nome dela?

– Chama-se Marina, esposa de Daniel. Sim, esse é o nome daquela jovem. Ela está totalmente desmemoriada, mas diz ver seus pais e um homem que ama em seus sonhos e afirma que sabe ser seu esposo.

Ambos, Thomas e Irineu, ergueram-se. Doutor Anderson também se ergueu, vendo-os reagir daquela forma.

– O que houve? Falei alguma coisa errada?

Foi nesse momento que Irineu retirou do bolso a pintura com o retrato de Isabel e mostrou ao doutor Anderson:

– Porventura, parece-se com essa mulher?

Doutor Anderson pediu licença, firmou o olhar na foto e fez sinal afirmativo com a cabeça:

– Sim, é ela. Sim, é ela, apesar de agora estar magra e desbotada, talvez doente. Ela esperava um bebê, que já deve ter nascido.

Thomas e Irineu se olharam, e Irineu, emocionado diante de tantas revelações, sentou-se na cadeira com as mãos no rosto e chorou. Doutor Anderson arregalou os olhos, como que perguntando a Thomas o que estava acontecendo. O reverendo chegou-se ao esposo de Isabel, abraçou-o e comentou:

– Este é um momento de alegria, meu amigo. Encontraremos agora Isabel, tua esposa.

– Mas ela já deve ter um filho que não é meu. Decerto, acertou-se com aquele...

– Olha, reverendo – continuou o médico sem nada entender –, se tu a conheces, também deves saber quem é o tal bispo que ela teme e não consegue ver-lhe a face – sugeriu doutor Anderson ao reverendo, com pressa de sair.

– Em primeiro lugar, agradecemos-te por vir até aqui para retirar de nós a imensa amargura que nos acolheu desde o dia em que aconteceu o desaparecimento dessa jovem. O bispo que ela tanto teme é o seu raptor, que agora se chama Daniel, e passa-se por seu esposo. Como pode ver, doutor Anderson, estamos com um problema doloroso para resolver, mas te agradecemos, pois nos deste o paradeiro dessa jovem desaparecida há quase um ano.

– E quem é Marina, na realidade? O que ela é do senhor, senhor Irineu?

– Marina é minha esposa, doutor Anderson; na realidade, seu verdadeiro nome é Isabel.

Ambos olharam para o médico ali presente:

– Marina, tua esposa? – indagou o médico, apontando-lhe o indicador.

– Sim – falou Irineu, secando as lágrimas com um lenço.

– Não há dúvida de que existem muitas coisas que confirmam quem é ela realmente: a foto, o bispo... o reverendo... A pobrezinha está desmemoriada...

– Ergue-te, Irineu! Não percamos a esperança, meu amigo – pediu Thomas. – Vamos até lá!

– Mas... e sua viagem? E Elisa?

– Isso será um verdadeiro teste. Se ela, por esse motivo, não me quiser mais, não poderá mesmo ser minha esposa. Pobre Elisa!

– Meu amigo, muito obrigado! – o reverendo agradeceu aquela notícia, tão bem-vinda, ao doutor Anderson.

Ambos, Irineu e Thomas apanharam suas valises, que estavam ali no gabinete, e saíram porta afora, à procura de Isabel, depois de receberem em suas mãos aquele endereço.

Depois de os incriminados do clero "apertarem" Sebastian, ameaçando-o, ele teve de dizer onde Philip estava. Então, partiram Miguel e o cardeal para avisar o antigo bispo dos perigos que todos estavam correndo. A caminho daquela localidade, acompanhava-os o antigo cocheiro de Philip. Depois de dias, ao chegarem à aldeia, encontraram a casa vazia. Sebastian procurou por Gertrudes em sua residência, mas esta lá não se encontrava. Pernoitaram naquele local por semanas e, sem saberem da governanta, supuseram que o bispo a havia levado embora consigo, temendo ser traído por Sebastian. Sem mais pensar, cansados e desiludidos, voltaram a seus lares.

Dias depois, chegavam Thomas com Irineu à residência de Philip e também encontraram a casa vazia, mas notaram que seus animais ali estavam. Então, Irineu lembrou-se de que doutor Anderson lhe dissera que havia uma governanta, e foram à sua procura, indagando de boca em boca. Assim, depois de horas, chegaram à sua casa. Gertrudes havia voltado de viagem e se certificado dos acontecimentos. Ao abrir a porta, com fisionomia inquiridora e ansiosa, a governante de Philip indagou a Irineu:

– Sois o esposo daquela pobre menina?

– Sim, e esse é o reverendo Thomas, que ela também conhece. Para onde foi o casal?

– Infelizmente, chegastes tarde. Ele partiu com a senhora. Eu, dias atrás, soube da verdade apanhando seus verdadeiros documentos sem querer – falou, dissimulada –, e fiquei horrorizada. Deus meu! Ele cometeu um crime, sendo um bispo, mas já que o senhor é o verdadeiro esposo de Marina, posso dizer-vos que aquele monstro vai acabar matando aquela jovem, porque ela está muito debilitada.

Preocupado, Irineu mordia os lábios, cabisbaixo. Gertrudes, então, para consolá-lo, continuou:

– Mas não fiqueis assim, senhor; nos últimos dias, ela recobrou a memória, e eu procurei ajudá-la levando ao correio uma carta para o senhor. Os senhores estão aqui porque a receberam, não foi?

– Não. Estamos aqui pelo médico que a tratou enquanto estava sem memória.

– Mas entrai, por favor, falemos acomodados.

Gertrudes, sorridente, acomodou-os na aconchegante residência e lhes serviu um chá. Thomas olhava para Irineu, que, sempre cabisbaixo, estava muito sério e demonstrava não ter mais esperanças.

Depois de tomarem o chá acompanhado dos pãezinhos feitos em casa por Gertrudes, que, desejando animar o real esposo de Isabel, comentou:

– Senhor, bom ânimo! A jovem que o senhor Daniel trouxe consigo, a senhora Marina, não sei seu verdadeiro nome, disse-me que vos ama muito.

Irineu sorriu, agora deixando as lágrimas lavarem seu rosto. Gertrudes continuou:

– Creio que, em breve, o senhor Daniel voltará para apanhar sua filha e seus animais. Perdoai-me, não sei vos dizer aonde foram.

Irineu estremeceu. Um bebê? Havia um bebê e seria filha de Philip? Ela estaria, então, unida com o bispo? Só poderia ser. Como deixara ela sua própria filha, para fugir com seu raptor? Então, perguntou à Gertrudes:

– Quanto tempo tem o bebê?

– Nasceu há dois meses, senhor, mas o senhor Daniel retirou-o do seio da mãe, porque contei a ele sobre um senhor, o médico, que a visitava todas as tardes. Acho que ele não está bom da cabeça. Ah... como me arrependo de não estar ciente de tudo antes.

– O doutor Anderson – Irineu falou, dirigindo-se a Thomas.

– É, ele mesmo – comentou Gertrudes.

– Vamos apanhar esse bebê, Thomas, e levá-lo conosco.

– Mas um bebê? Como fazer essa longa viagem com um bebê nos braços? – redarguiu o reverendo.

– Levaremos junto a sua ama de leite.

– Mas acha o senhor que ele deixaria sua filha aqui, sem voltar para apanhá-la? – indagou Gertrudes, ansiosa.

– Irineu, com certeza, ele voltará para apanhar seu filho. Falemos com a própria ama de leite – afirmou Thomas.

– Tudo porque mexi em suas coisas após desconfiar dele, que deve ter visto que vi seus documentos. Sacrilégio! – Gertrudes, indignada, falou, sabendo que mentira a respeito da carta de Marina, que, na verdade, não enviara.

– Sim, para um bispo, isso foi sacrilégio, mais ainda por ter raptado minha esposa.

Gertrudes levou-os na casa da ama de leite e ficou assistindo à cena.

Irineu, depois de todos os esclarecimentos de Gertrudes, conseguiu apanhar a menina no colo. Seus olhos se encheram de lágrimas. Ali tinha o sangue de sua amada e sofredora esposa. Como não amar aquele pedacinho de gente?

– Não, senhor, não posso deixar que leveis o bebê. A responsabilidade é minha. Ele me paga um alto valor para que eu dê à sua filha meu seio cheio – dizia a mulher. – Perdi um bebê assim que esse nasceu. Essa menina é meu consolo, quero permanecer perto dela. É como se fosse minha própria filha.

Irineu mostrou seus documentos e a fotografia de Isabel e, olhando-a bem nos olhos, perguntou-lhe:

– Dize-me, senhora, se fosse a senhora a ser

raptada por uma pessoa pela qual nutre muito ódio, gostarias que te tirassem o filho dos braços?

Amália, sem jeito, fez sinal negativo com a cabeça.

– A senhora tem marido? – ainda lhe perguntou Thomas.

– Não. Ele morreu antes de termos nosso primeiro filho.

– Então, vem conosco e não mais sairás de perto da menina. Como é o nome do bebê? – indagou Irineu a Gertrudes.

– A senhora Isabel queria colocar nela o nome de sua mãe. Não sei se o senhor Daniel aceitou. Pobrezinha, como chorava... depois, ficou presa no dormitório, sem de lá sair... Não comia quase nada e, quando a vi pela última vez, estava muito magra.

Irineu suspirou profundamente e, chamando Thomas ao lado, averiguou com ele:

– O que fazer? E se formos atrás deles?

Gertrudes, com os ouvidos afinados, falou, apontando a estrada:

– Para lá eles não devem ter ido, porque são os

Alpes. Devem ter ido por ali – apontou para o outro lado, continuando: – Talvez, até estejam voltando... devem estar há dois ou três dias de viagem.

– O que fazer, Thomas?

– Irineu, nós pensamos corretamente. Se formos aguardar a ama, iremos perder muito tempo. Apanhemos a caleche e vamos ganhar tempo. Depois, voltaremos aqui.

Agradecendo às duas senhoras, despediram-se, deixando algum valor caso o bebê precisasse, e seguiram na caleche, correndo pelas estradas.

Philip, desejoso de fugir daquela localidade, sem se dar conta do sofrimento da jovem que levava consigo, depois de arrumar tudo, o que demorava quase todo o dia, quis viajar antes do retorno de Gertrudes, avisando Amália e dando-lhe uma boa importância para alimentar-se bem e, assim, ter bom leite para sua filha; apanhou seus pertences, os inúmeros valores em joias, escrituras e dinheiro e partiu de carruagem, indo em busca de outro lugar para esconder-se. Isabel, na carruagem, chorava. Philip desconfiava de que Gertrudes deve ter aproveitado a saída para a cidade próxima para colocar alguma carta nos correios, escrita por Isabel. Descobririam seu paradeiro.

No que ele parou numa taverna, para dar água aos cavalos, notou que Isabel estava desmaiada. Ficou como que enlouquecido e apanhou-a na carruagem, levando-a para dentro da taberna. Com sua saúde muito frágil, poderia perecer ali mesmo. Preocupado, pediu que fosse chamado um médico.

– Doutor Silésio, então, como ela está? – indagou temeroso ao médico, após ele examiná-la.

– Pobre menina... sua filha está subnutrida, senhor.

Philip olhou-o atravessado e indagou-lhe sem resposta para a "ofensa" recebida:

– O que posso fazer por ela, doutor?

– Sugiro que a deixes aqui para adquirir forças, mas ela precisa ser muito bem alimentada. Onde estava essa menina que se encontra desse jeito? Como a mãe dela deixou isso acontecer?

– Ora, a mãe dela está morta e... bem, não vem ao caso.

Pagou o médico e, no que ele saiu, iniciou o tratamento, apanhando leite morno e colocando nele uma gema de ovo.

Ergueu Isabel, reclinando-a na cama, e colocou um de seus braços sob sua cabeleira escura e, com a outra mão, apanhou o recipiente, derramando o leite, pouco a pouco, em sua boca.

Assim, passaram-se dois dias e, como ela não abria os olhos, ele começou a orar.

O médico, visitando-a três dias depois, comentou:

– Sinto dizer-te, senhor Daniel, que tua filha não escapará desta noite, a não ser que algum milagre aconteça.

Depois que o médico saiu, Philip postou-se ao lado da cabeceira da cama, acariciando os volumosos cabelos da jovem; tanto amor lhe tinha e ela não soube amá-lo. Voltando-se, agora arrependido, a Deus, alma empedernida, ajoelhou-se pedindo perdão à jovem Polinski. Dessa forma, ele chorou, repassando, à frente de seus olhos, todo o passado cristão, quando, invigilante, envolveu-se com as sombras contrárias ao amor, desejando bens que não poderia ter e conquistar quem lhe parecia impossível. Como errara!

Quase uma semana ali, Philip fez uma promessa de voltar atrás, pedindo perdão por todos os seus passados erros, a todos a quem prejudicara, caso Isabel sobrevivesse. Mas, ao mesmo tempo, pensava que já devia ser tarde. Os Polinski já deviam estar mortos. Nenhum individuo com a estrutura física deles, acostumado com qualidade de vida e abundância, permaneceria tanto tempo num pequeno espaço de prisão sem advir-lhe alguma doença ou transtornos emocionais.

Por toda a estrada, Thomas ia orando pelo raptor. Apesar de procurar não julgar os atos alheios, sabia que Philip falhara e que causara sofrimento a muitas almas, no entanto, era um filho de Deus que se perdera por falta de vigilância em sua vida religiosa. Muitos padres, soubera, também se haviam desviado do caminho do bem. Parecia que o mal andava sempre procurando uma maneira de atingir o sacerdócio, para que alma nenhuma cedesse ao amor real que Jesus, quando encarnado na Terra, viera ensinar. Oh, jamais poderia dizer a Irineu o quanto sentia por aquela alma que um dia cairia em si, que se desviara tanto do bem, partilhando o inferno em sua consciência. No dia em que acordasse, Thomas sabia, o bispo iria sofrer muito.

Cansados, Thomas e Irineu precisaram parar um pouco e relaxar. Então, viram uma relva fresca beirando um lago e desceram próximo a algumas árvores. O esposo de Isabel sentou-se na relva, em frente ao lago, pensando na vida, enquanto que Thomas se afastava um pouco para logo ajoelhar-se, imaginando Edith desesperada, e começou a orar a Maria de Nazaré, a mãe de todos nós e mãe de Jesus, que tanto sofreu por Seu filho, que muito amava. Orou pelo bispo e pediu a Ela que o orientasse e que algo acontecesse para que Philip voltasse a sentir o amor que tinha pelo sacerdócio, com lembranças passadas de sua juventude, quando entregara os votos de castidade a Jesus, em favor dos fiéis sofredores, que esperariam dele o apoio fraternal e o conhecimento cristão.

Pediu que o bispo volvesse mentalmente seu pensamento para a igreja simples, onde fora um humilde sacerdote, e lhe fosse mostrado que, mesmo sendo uma pessoa com inúmeros valores monetários, ele ainda era aquele servo de Deus, na condição de simples explanador de escrituras nas igrejas; que não poderia viver a liberdade que estava desejando, visando uma vida que jamais poderia obter, depois das promessas feitas a si mesmo perante o Pai Celeste. Também pedia que as lembranças daqueles velhos valores lhe surgissem em sua mente com a finalidade de que ele voltasse atrás em suas atitudes.

Agradecia a Deus a oportunidade que tivera de saber onde se encontrava Isabel e assegurava a si mesmo que isso fora a obra do próprio Pai. Talvez, logo pudesse entregar a jovem aos braços de seus progenitores, conforme lhes havia prometido.

Enquanto Thomas orava, Irineu, caminhando próximo ao lago, matutava sobre qual atitude tomaria se encontrasse olhos nos olhos com Philip. Trazia sua arma ao lado do corpo. Sim, ele o mataria.

Thomas captou seu pensamento e, indo até ele, disse-lhe:

– Meu amigo, as coisas conquistadas com o coração geram um resultado divino em nossa vida. Jamais devemos apanhar uma arma para ferir quem quer que seja, pois a vítima será sempre nós mesmos. Usemos sempre o amor, força iluminada de nosso coração, que conquista o mundo pouco a pouco.

Irineu ouviu-o quieto, pois o respeitava, e ambos voltaram à charrete para procurar um abrigo e ali descansar.

Final

O amor sempre vence

SABEMOS NÓS O QUE REPRESENTA PARA O CRISTÃO aquela que foi a mãe de Jesus nesta Terra. Nossas preces dirigidas a Ela sempre têm retorno. Maria de Nazaré toma conta de todos os apelos daqueles que seguem Seu filho amado e que têm respeito à dor alheia, rogando a Deus a intercessão dos anjos.

Sem pensar em coisa alguma, encontrando uma taberna, Irineu e Thomas desceram para descansar, sem imaginar que ali encontrariam também Isabel. Fora o destino? As preces de Thomas? As promessas de Philip?

Philip orava, ajoelhado à cabeceira da doente, pedindo a Deus pela vida da jovem que amava.

Quando uma pessoa que está lidando com hostes maléficas se arrepende e implora ao Pai de joelhos para salvar alguém em sua vida, as nuvens negras que o envolvem começam a se dissipar aos poucos, levando consigo também os inimigos do bem, no caso, aqueles a quem Philip havia se imantado, que o estavam influenciando com uma sintonia contrária ao amor.

Lembramo-nos desse fato quando Jesus disse à mulher samaritana "eu sou a água viva, quem beber dela jamais terá sede". E como Jesus dizia a verdade, quem realmente souber amar, na profundidade dessas palavras, jamais sentirá receios, medos ou ansiedades na vida, porque a fé já se lhe estará imantada nas fibras mais profundas do coração.

Adentrando Thomas e Irineu na taberna para se instalarem, Philip, que começava a descer a escada para pedir água ao estalajadeiro e dar a Isabel, viu os dois e estacou. Seria um aviso de que Deus o ouvira e os mandara para que ele próprio renunciasse à mulher a qual sentira tanta ânsia em machucar? Sim, agora que estava desejando se reformular, visualizando mentalmente a vida que oferecera à Isabel, mentindo e forçando-a a amá-lo, machucando-a e afastando-a de quem tanto ela queria bem, soube que não lhe dera nenhuma prova de amor, mas de ódio.

As orientações benéficas lhe vinham à mente como em um livro aberto: "Se a amas, renuncia. Renuncia a essa jovem que ama a seu esposo e dá a ela essa sua primeira prova de estima". Então, voltou ao quarto.

– Não! Não posso! – dizia a si mesmo, argumentando: – Depois de tanto tempo, de tanto trabalho, de ter abandonado o clero, não posso renunciar a ela.

"Mas ela vai acabar morrendo" – continuava sua consciência. – "Queres isso?".

– Não, não quero que ela morra!

"Então, desce novamente e fala com Thomas, que é também alguém que ama a Jesus e sempre procura fazer o bem."

– Mas e o outro?

"Ora, o outro é só aguardares que suba. Esconde-te até vê-lo passar, só mais tarde te aproxima dele."

Philip rendeu-se à voz da consciência e, quando

Thomas estava subindo as escadas, cabisbaixo, ele o segurou pelo braço:

– Por favor, ajuda-me! Estou desesperado, reverendo, ela está morrendo!

Thomas, levando um enorme susto, preocupou-se. Tudo o que ele não esperava ali era ver o tão procurado bispo, mas, por dentro, rejubilava-se. Então, olhando a face desesperada e insegura daquele homem, que antes aparentava ser tão firme, consentiu com a cabeça, sem abrir sua boca.

– Reverendo, sei quem és, por favor, não julgues agora os atos deste homem desiludido à sua frente. Necessito falar, desabafar e preciso de um conselho. Entra aqui na minha antessala, por favor.

Thomas, ainda sem abrir a boca, com receio de que o bispo estivesse dissimulando, pois não iria negar que temia aquele homem, adentrou no dormitório, confiando no pedido que havia internamente feito ao Pai maior.

– Senta-te, por favor, que preciso desabafar – falou Philip, com o olhar envolvido pela dor.

– Onde deixaste Isabel? – indagou o reverendo, temendo pela morte da filha dos Polinski. – Por favor

– concluiu, achando que o antigo bispo não estava bem psicologicamente, já que fizera muito mal a tantas pessoas.

– Isso já vou falar. Como homem religioso que és, confesso que muito me arrependo, agora que soube que a minha Marina morre. Oh, meu Deus! Depois de tudo o que fiz para tê-la comigo!

Sentado diante de Thomas, Philip inclinou-se para a frente na poltrona, colocou as mãos diante dos olhos e chorou convulsivamente. Derrubou todas as lágrimas que lhe pressionavam o peito. Thomas, já ansioso, perguntou-lhe:

– E o que pretendes fazer, já que ela está desenganada?

– Não tenho o que fazer senão entregá-la às mãos de Deus. Já tentei tudo por ela. Acabei de me ajoelhar pedindo perdão a Deus; pedi que Ele me mandasse o remédio para que ela se salvasse. Fiz uma promessa de que vou me entregar e deixar tudo o que tenho para viver na pobreza se ela sobreviver. E Deus te mandou e, juntamente contigo, o homem que realmente ela ama. Oh, mas, se ele me vir aqui, vai matar-me como se faz a um cão raivoso.

– Sim, ele até poderia fazer isso, Philip, no entanto, não quero julgar teus passados passos e, sim, cumprimentar-te por ter, novamente, encontrado teu rumo. Bendito seja Deus, que te abriu os olhos.

Chorando, com os olhos injetados de dor, Philip ergueu a face para fixar-se nos olhos do reverendo e agradeceu:

– Agora sei por que todos clamam por ti, reverendo Thomas. És, realmente, um cristão, um cristão que usa os ensinamentos do nosso Mestre Jesus. Eu, no entanto, não sei se vou ser perdoado por Ele.

– Ora, meu amigo... quem somos nós para achar alguma coisa desse Ser tão grandioso, que é todo poder e bondade infinita? Jesus não perdoou seus algozes no momento de sua maior dor? Deus nos ama, meu amigo, e deve estar muito satisfeito por tua doação ao amor real. Jesus acolhe em Seu regaço a ovelha perdida.

Philip, totalmente transformado, falou a Thomas:

– Penso que, se o esposo verdadeiro a acordasse, ela retornaria à vida, pois parece sumir aos poucos. Mas...

– Façamos um trato, mas primeiro preciso saber se renunciarás também à tua filha.

Philip colocou o olhar lacrimoso, muito triste, em Thomas, que lhe ficou gravado durante toda a vida, pois o reverendo, agradecendo mentalmente a Deus, jamais esqueceu aquele momento de total entrega, que demonstrava a verdadeira renúncia daquela alma.

– Isso também eu o farei – respondeu, baixando a cabeça. – Assinarei um documento de batizado, entregando a criança à sua mãe.

– Agora tenho certeza de que estás usando as leis cristãs, que Jesus nos veio trazer: abandonando o egoísmo, deixando o orgulho, pensando em seu próximo e começando a amar, realmente, aquela a quem até agora só fizeste mal. Mas Irineu não poderá te ver. Passou todos esses meses procurando pela esposa e tenho receio de que não se controle e de que acabe causando um "acidente". Façamos uma coisa, deixa uma carta a Irineu desabafando teu coração, implorando seu perdão, e foge. Nós assumiremos Isabel e, com a certeza de que o verdadeiro amor faz os mais extremos milagres, sei que Isabel sairá com vida. Depois, buscaremos o bebê.

– Faço questão de apanhar e trazer a menina aqui. Não precisas voltar àquele lugar, reverendo.

Philip escreveu as duas cartas rapidamente e, ao mesmo tempo, despediu-se daquela que considerava sua esposa, beijando-lhe as mãos e derramando algumas lágrimas. Depois, abriu a porta do quarto e apanhou algumas coisas suas. Então, desceu, olhos totalmente inchados pelo choro. Subiu em sua carruagem e foi adiante. Voltaria para apanhar o bebê? Thomas não saberia dizer, apenas considerava que ele agora tornava-se novamente um cristão.

No coração de Thomas, o pensamento no Pai, que jamais esquece Seus filhos. As lágrimas deslizavam em suas faces. Vendo, pela janela, sair o coche, e Philip dentro dele, aquele reverendo, que se importava tanto com a felicidade alheia, adentrou devagarinho no quarto onde Isabel, tão procurada por todos, adormecia adoentada. A luz do velador iluminava-lhe a face. Sem dizer uma palavra sequer, Thomas ajoelhou-se ao piso, em frente à cama da doente, e ergueu o pensamento aos Céus, agradecendo novamente aos acontecimentos, que poderiam ser chamados de milagres do amor na vida daquele bispo, que se perdera na insensatez, mas encontrara-se novamente. Então, sorrindo, com os olhos lacrimejantes, acariciou com as costas da mão direita a face de Isabel, dizendo-lhe baixinho:

– Isabel, minha menina, estás salva! Philip foi embora.

Ela parecia não ouvi-lo. Thomas, então, resolveu sair para buscar Irineu em seu dormitório. Ao saber de tudo, ouvindo atentamente aquele admirável amigo contar-lhe os fatos, coração aos pulos, o esposo de Isabel saiu como estava para vê-la, pés descalços e roupa própria para o sono da noite. E, falando baixinho, enquanto acariciava a fonte da mulher amada, dizia-lhe:

– Graças a Deus! Isabel, minha querida! Isabel, sou eu, Irineu.

A jovem ouviu aquela voz que tanto amava e tentou abrir os olhos, pensando estar sonhando, no entanto, sorriu.

– Abre os olhos, meu amor. Isso não é um sonho. Sou eu, teu esposo Irineu, que te encontrou. Vamos, querida, faze um esforço, o amor nos aguarda e tua filhinha também. Vamos voltar em breve para nosso lar.

Isabel esboçou meio sorriso e tentou abrir os olhos. Ao vê-lo, começou a derramar silenciosas lágrimas.

– Não estarei... sonhando novamente?

– Não, meu amor, estou aqui apanhando tuas alvas mãos.

– Irineu... Enfim... Enfim, Deus te trouxe até mim.

– Reanima-te, querida, para voltarmos a casa. Teus pais te esperam.

– Meus pais? Oh! – expressou-se chorando. – Deus é muito bom. Enfim, enfim...

– Então, tens de melhorar. Aqui ao lado, tem um pouco de alimento, que deves ter rejeitado.

– Mas ele... não está aqui? Mataste-o?

– Esqueçamos o passado, meu amor, ele se foi.

– Não, ele voltará e poderá matar-te. Vai, meu amor, ele pode voltar, sempre volta.

– Desta vez, não mais voltará.

Assim, Irineu passou a noite, sentado ao lado da jovem, enquanto Thomas, sorrindo e sempre agradecendo a Deus, adentrou no dormitório destinado a ele e dormiu o sono dos justos.

Quando o céu já pincelava com suas cores e luzes o amanhecer, chegava Philip com a ama de leite e o bebê, sua filha. Subiu as escadas com eles, batendo no quarto de Thomas.

O reverendo acordou assustado, mas abriu enorme sorriso quando viu, em sua frente, as duas pessoas esperadas.

Philip não estava fingindo, realmente havia se transformado.

Os meses se passavam, e Isabel se recuperava, apagando pouco a pouco as dores anteriormente sofridas. Mas nada fora por acaso. Se voltássemos as páginas do livro da vida, veríamos que Irineu colhera o que fizera exatamente a Philip, séculos antes, quando este fora o esposo dedicado de Isabel, e ele a retirou do lar para viver seu sonho proibido. Também os Polinski estavam envolvidos nessa trama. Como disse Jesus: "colhemos o que plantamos", pois temos o livre--arbítrio para agirmos, todavia, nossa colheita sempre será obrigatória.

Agora, os caminhos estariam livres para o casal de antigos amantes. A presença de Irineu fornecera novas esperanças ao espírito aflito de Isabel e, daquele dia em diante, todos gozaram de ampla saúde e muita paz. A jovem, filha dos Polinski, renovava-se, acalentando em seus braços a filha que abandonara no antigo lar séculos atrás; e o esposo abnegado, causador do sofrimento daquela criança abandonada, agora resgatava a antiga dívida, amando-a por ter ela o mesmo sangue de sua querida esposa.

Aqueles corações traidores haviam sofrido o bastante, apesar de que Deus, em sua infinita bondade, já havia limpado de suas almas os maiores lamentos, por terem erguido eles um manancial de amor entregue à caridade, em situações anteriores. E Philip, o pobre homem, distante da realidade sobre a reencarnação, pois jamais acreditaria se lhe houvessem revelado isso anteriormente, conheceu, naquela angelical criatura, a esposa que o traíra e quis reavê-la de qualquer modo, extrapolando limites.

Como sabemos, inconscientes, enquanto vestimos as vestes carnais, procuramos atentamente aqueles afetos com quem temos a oportunidade de voltarmos a conviver.

Nossa vida aqui teria sido, provavelmente, o testemunho de algo que não ficou bem resolvido, e, por ordem divina, adquirimos-essa oportunidade, no entanto, quando nada se coordena, quando encontramos percalços para esse reencontro, é porque assim devemos respeitar a ordem, ou podemos desrespeitá-la, colocando-nos cada vez mais distantes de nosso crescimento espiritual. Orai e vigiai, Jesus nos pediu, e esta é a lei.

Nunca mais se ouviu falar, em Tunbridge, de Philip e dos outros envolvidos na diabólica trama que prejudicara tanta gente. Algumas famílias, com exceção dos Polinski, abriram processos contra os quatro envolvidos, que haviam sumido. Então, tudo se apagou com o tempo.

Elisa desistiu definitivamente de Thomas, notando que não teria lugar na vida do reverendo, por ele dedicar-se, totalmente, à religião que acolhera.

Mathias voltou a Tunbridge, trazendo na alma todo agradecimento ao amigo que tudo fizera por ele. Tempos mais tarde, outro papa, também com o nome Clemente, notando a pressão dos cardeais do Vaticano, gravou sentença em deferimento àquela ordem Jesuítica, tornando-se eles padres em vilas pobres, prestando obediência à ordem instituída pela Igreja.

O reverendo Thomas Bayes continuou a ser o mesmo homem em defesa do amor e das leis divinas e muito colaborou para a humanidade.

Nunca se casou, para viver sua vida como fiel seguidor de Deus e das leis morais trazidas por Jesus no cristianismo primitivo, no qual o amor sempre prevalecerá.

FIM

IDE | Livro com propósito

No ano de 1963, Francisco Cândido Xavier ofereceu a um grupo de voluntários o entusiasmo e a tarefa de fundarem um periódico para divulgação do Espiritismo. Nascia, então, o Instituto de Difusão Espírita - IDE, cujo nome e sigla foram também sugeridos por ele.

A partir daí, muitos livros foram sendo publicados, e o Instituto de Difusão Espírita se tornou uma entidade de utilidade pública, assistencial e sem fins lucrativos, mantendo-se fiel à sua finalidade de publicar as bases da Doutrina Espírita, tendo como foco principal as Obras Básicas de Allan Kardec, a preços populares, além dos mais de 300 títulos, muitos psicografados por Chico Xavier.

Além da editora, o Instituto de Difusão Espírita também se desenvolveu em outras frentes de trabalho, voltadas à assistência e promoção social, como albergue noturno, acolhimento de pessoas em situação de rua, assistência e auxílio às famílias em situação de vulnerabilidade social, além dos trabalhos de evangelização infantil, mocidade espírita, artes, cursos doutrinários e assistência espiritual (passes).

Agora, na era digital, a IDE Editora foi a pioneira em disponibilizar para download as suas obras editadas da Codificação no site ideeditora.com.br, **gratuitamente**.

A você, que prestigia os livros da IDE Editora, nosso muito obrigado, e esperamos sempre contar com sua ajuda e consideração na divulgação da Doutrina Espírita.

Este e outros livros da *IDE Editora* subsidiam a manutenção do baixíssimo preço das *Obras Básicas de Allan Kardec*, mais notadamente *"O Evangelho Segundo o Espiritismo"*, **edição econômica**.

FUNDAMENTOS DO
ESPIRITISMO

1º Crê na existência de um único Deus, força criadora de todo o Universo, perfeita, justa, bondosa e misericordiosa, que deseja a felicidade a todas as Suas criaturas.

2º Crê na imortalidade do Espírito.

3º Crê na reencarnação como forma de o Espírito se aperfeiçoar, numa demonstração da justiça e da misericórdia de Deus, sempre oferecendo novas chances de Seus filhos evoluírem.

4º Crê que cada um de nós possui o livre-arbítrio de seus atos, sujeitando-se às leis de causa e efeito.

5º Crê que cada criatura possui o seu grau de evolução de acordo com o seu aprendizado moral diante das diversas oportunidades. E que ninguém deixará de evoluir em direção à felicidade, num tempo proporcional ao seu esforço e à sua vontade.

6º Crê na existência de infinitos mundos habitados, cada um em sintonia com os diversos graus de progresso moral do Espírito, condição essencial para que neles vivam, sempre em constante evolução.

7º Crê que a vida espiritual é a vida plena do Espírito: ela é eterna, sendo a vida corpórea transitória e passageira, para nosso aperfeiçoamento e aprendizagem. Acredita no relacionamento destes dois planos, material e espiritual, e, dessa forma, aprofunda-se na comunicação entre eles, através da mediunidade.

8º Crê na caridade como única forma de evoluir e ser feliz, de acordo com um dos mais profundos ensinamentos de Jesus: "Amar o próximo como a si mesmo".

9º Crê que o espírita tenha de ser, acima de tudo, Cristão, divulgando o Evangelho de Jesus, através do silencioso exemplo pessoal.

10º O Espiritismo é uma Ciência, posto que a utiliza para comprovar o que ensina; é uma Filosofia porque nada impõe, permitindo que os homens analisem e raciocinem, e, principalmente, é uma Religião porque crê em Deus, e em Jesus como caminho seguro para a evolução e transformação moral.

Para conhecer mais sobre a Doutrina Espírita, leia as Obras Básicas, de Allan Kardec: O Livro dos Espíritos, O Evangelho Segundo o Espiritismo, O Livro dos Médiuns, O Céu e o Inferno e A Gênese.

ide ideeditora.com.br

Pratique o *"Evangelho no Lar"*

ideeditora.com.br

Acesse e cadastre-se para receber
informações sobre nossos lançamentos.

IDE EDITORA é apenas um nome fantasia utilizado pelo INSTITUTO DE DIFUSÃO ESPÍRITA, entidade sem fins lucrativos, que promove extenso programa de assistência social, e que detém os direitos autorais desta obra.